Stefan George
Dante
Umgedichtete Episoden der Göttlichen Komödie

SEVERUS Verlag

George, Stefan: Dante. Umgedichtete Episoden der Göttlichen Komödie. 2018
Neuauflage der Ausgabe von 1932
ISBN: 978-3-95801-796-2

Korrektorat: Xenia Pfeifer
Satz: Xenia Pfeifer

Umschlaggestaltung: Annelie Lamers, SEVERUS Verlag
Umschlagmotiv: #162418973 | © Archivist - Fotolia.com

Bibliografische Information der Deutschen Nationalbibliothek: Die Deutsche Nationalbibliothek verzeichnet diese Publikation in der Deutschen Nationalbibliografie; detaillierte bibliografische Daten sind im Internet über https://dnb.de abrufbar.

Der SEVERUS Verlag ist ein Imprint der Bedey & Thoms Media GmbH,
Hermannstal 119k, 22119 Hamburg

SEVERUS Verlag, 2018
http://www.severus-verlag.de
Gedruckt in Deutschland

Stefan George

Dante
Umgedichtete Episoden der Göttlichen Komödie

Inhalt

VORREDE DER ERSTEN AUFLAGE

Der Verfasser dieser Übertragungen dachte nie an einen vollständigen Umguss der Göttlichen Komödie: dazu hält er ein menschliches Wirkungsleben kaum für ausreichend. Stellen (Episoden) zu geben sieht er sich dadurch berechtigt dass auf diesem Weg ● nicht mit dem ersten Gesang beginnend und dem letzten aufhörend ● ihm wie vielen das Eindringen gelang – und später der trieb zur Arbeit kam. Er weiß dass das ungeheure Welt- Staats- und Kirchengebäude nur aus dem ganzen werk begriffen wird. Was er aber fruchtbar zu machen glaubt ist das dichterische ● ton Bewegung Gestalt: alles wodurch Dante für jedes in Betracht kommende Volk (mithin auch für uns) am Anfang aller Neuen Dichtung steht.

VORREDE DER ZWEITEN AUFLAGE

Diese zweite Ausgabe die zum 600. Todestage Dantes erscheinen soll wurde durch einige bisher ungedruckte sowie durch die wenig bekannten stellen der XI. und XII. Folge der Blätter für die Kunst erweitert: darunter sind solche von besonderer dichterischer Wucht und Eindringlichkeit wie der Felsenstieg (Hölle XXIV) der Hungerturm (Hölle XXXIII) die Verbannungsvoraussage (Himmel XVII). Da gerade in dem neuen teil sich die Namen von Personen örtern und dingen stark vermehrt haben die für den heutigen Menschen nicht als bekannt vorausgesetzt werden können so dürfte das beigefügte Verzeichnis obwohl es die last eingehender Erklärungen nicht übernimmt vielfach willkommen sein.

DIE VERIRRUNGEN IM WALD • ERSCHEINUNG

DES VERGIL

Es war inmitten unsres wegs im leben •
Ich wandelte dahin durch finstre bäume
Da ich die rechte Straße aufgegeben.

Wie schwer ist reden über diese räume
Und diesen wald • den wilden rauhen herben …
Sie füllen noch mit schrecken meine träume.

So schlimm sind sie dass wenig mehr ist sterben.
Doch schildr ich alle dinge die mir nahten
Ob jenes guts das dort war zu erwerben.

Ich weiß nicht recht mehr wie ich hingeraten.
So war ich voller schlaf um diese stunde
Dass sich mir falsche wege offentaten.

Nun angelangt an eines hügels gründe –
Er war die grenze eben jener klamme
Wo angst das herz mir traf mit einer wunde –

Sah ich hinauf und schaute auf dem kamme
Die strahlen schon sich breiten des planeten
Der uns zum ziele führt auf jedem damme …

So dass die ängste etwas mir verwehten
Die auf dem see des herzens hingeflogen
Die nacht die ich verbrachte so betreten.

Und wie ein mann der sich herausgezogen
Schwer-atmend an das ufer aus den riffen
Und umdreht nach den fährlich wüsten wogen:

So wandte sich mein geist im fliehn begriffen
Noch einmal rückwärts um die bahn zu schauen
Die nimmermehr lebendige durchschiffen.

Dem müden leib gab rast ein neu vertrauen
Und stets den festen fuß an tiefrer stelle
Trug ich mich weiter durch das land voll grauen.

Und sieh ● da kam fast an der höhe schwelle
Des wegs ein Pardel leicht und sehr behende…
Der war bekleidet mit geflecktem felle.

Vor meinem blicke schweift' er ohne ende
Ja hinderte mich so auf meinem pfade
Dass ich mich wenden wollt an mancher wende.

Die zeit der morgendämmrung war gerade…
Die sonne stieg von dem gestirn umfahren
Das mit ihr ging als durch die Ewige Gnade

Erstmalig jene schönen dinge waren –
So dass ich hoffen könnt aus gutem grunde
Ob jenes tieres mit den bunten haaren ●

Der süßen zeit des jahres und der stunde…
Doch so nicht dass nicht neue angst mich spannte
Als sich ein Löwe zeigte in der runde.

Es schien mir dass er mir entgegenrannte
Mit hohem haupt und hungerwütigem stieren
So sehr dass er die luft vor schrecken bannte…

Und eine Wölfin die mit allen gieren
Beladen war trotz ihrer magren knochen
Und die viel volk schon ließ sein glück verlieren.

Den schreck mit dem ihr anblick machte pochen
Ward ich mit solcherlei beschwernis inne
Dass mir des aufstiegs hoffnung war zerbrochen.

Und so wie einer strebend nach gewinne
Beim nahn der stunde die ihn nicht gestattet
Sich härmt und weint in seinem ganzen sinne:

So ging mirs mit dem tier das unermattet
Zukam auf mich um mich zurückzuschieben
Schritt hinter schritt zur gegend wo es schattet.

Da ich so stand an niedren ort vertrieben
Hat meinem blick sich Einer dargeboten
Der schien durchs lange schweigen stumm geblieben.

Ich sah im großen Ödland diesen boten …
Erbarm dich meiner! rief ich zu ihm bange ●
Seist heiler mensch du ● seist du von den toten.

Er gab zurück: Kein mensch ● mensch war ich lange
Und meine altern Mantuaner Städter
Mit namen beide von lombardischem klange.

Ich kam zur weit sub julio ● doch als Später …
Ich lebt in Rom an des Augustus throne
Als man für götter hielt der lüge väter.

Ich war ein dichter und vom frommen sohne
Anchises' sang ich – jener nach dem falle
Des stolzen Ilion aus der stadt entflohne.

Doch warum kehrst du um zum untern walle
Und klimmst nicht auf zum schönen bergeshorne ●
Ursach und anfang für die freuden alle?

>So bist du der Vergil aus dessen borne
Entflossen ist des worts so weite welle?
Fragt ich und bog beschämt den kopf nach vorne.

O du der andern dichter ruhm und helle!
Nun lohne große lieb und tief versenken
Mit denen lang dein buch war mein geselle.

Du Meister mir und Stab um mich zu lenken
Du bist der einzige dem ich entnommen
Den schönen stil dess rühmend sie gedenken!

HÖLLE ● I. GESANG ● 1–87.

ENTSENDUNG DES VERGIL

Der tag ging nieder und die düstre weite
Entledigte die wesen auf der erde
All ihrer mühn… und ich allein bereite

Mich vor zu übernehmen die beschwerde
Des mitgefühls sowohl als die der runde
Die ich im sinn der festhält schildern werde.

Seid Musen ● sei du hoher Geist im bunde!
O sinn der was ich sah du in dich schreibest:
Hier gib von deinem edeltume künde!

Ich sprach: O Dichter der du bei mir bleibest
Sieh zu ob meine tucht sich stark erweise
Bevor du zu dem hohen ziel mich treibest!

Du sagst dass Silvius' älterherr die reise
Da er verweslich war in zeitenloses
Reich angetreten – und fühlbarerweise.

Denn wenn ihn eingedenk des hohen loses
Der Gegner jeden übels gnädig führte –
Draus kommen sollte solches und so großes –

So scheint dem klugen dass sichs so gebührte ●
Da vom erlauchten Rom und seinen welten
Der höchste himmel ihn zum stammherrn kürte.

Welches und welche (soll die wahrheit gelten)
Begründet wurden in dem heiligen staate ●
Dem sitze des zu Petri thron Bestellten.

Durch diesen abstieg dem er rühmlich nahte
Erfuhr er dinge wie den grund er lege
Zu seinem sieg und zu dem papst-ornate.

Dann ging das Auserkorene Gefäß die stege
Um dorther trost zu bringen für die lehre
Die der beginn ist vom erlösungswege.

Doch ich darf ich dort gehn – dass mans nicht wehre?
Der ich Aeneas nicht noch Paulus gleiche:
Ich nicht und keiner fand mich wert der ehre.

Deshalb wenn ich dem drang zu gehen weiche
Befürchte ich mein gang sei eines tollen …,
Du weiser fassest mehr als ich dir reiche …

Und wie ein mann wegwill von seinem wollen
Und seinen vorsatz tauscht mit neuem sinne
Der ganz ihn abhält von dem ersten sollen:

So ging es mir in jener dunklen rinne ●
Dass ich bedenkend meinen plan bereute
Den ich so eilig fasste beim beginne …

Wenn ich was du mir sagtest richtig deute ●
Versezte drauf des hochgemuten schatte ●
So wurde dein gemüt der feigheit beute

Durch die in manchem fall der mensch ermatte ●
Dass ihn erschrecken ehrenvolle schritte
Wie falsche schau die tiere wenn es schatte.

Damit dir jener knoten sei durchschnitten
Hör wie ich komme und wie sichs begebe
Seit ich zum erstenmal um dich gelitten.

Ich war bei jenem volk das hangt in schwebe
Da rief ein weib mich • eine selige Holde •
So dass ich bat dass sie befehl mir gebe.

Ihr auge glänzte gleich dem sternengolde
Und engelsstimme drang aus ihrer kehle
Als sie zu reden anhub sacht und holde:

O hilfbereite Mantuaner seele
Mit einem ruhme heute noch von dauer
Und der solang die welt sich dreht nie fehle:

Mein freund – nicht der des schicksals – ist in trauer
Auf ödem strand und so gedrängt von plagen
Auf seinem weg dass er sich kehrt vor schauer.

Ich fürchte fast er ist so weit verschlagen
Dass ich zu spät mich hob zu meinem gange
Nach dem was ich im himmel hörte sagen.

Nun eile du mit deiner rede klange •
Mit dem was ihm gebricht sei ihm zum horte
Dass er sich rette und ich trost erlange!

Ich bin die Selige! aus jenem orte
Wohin zu kehren mich verlangt dir nahend –
Die liebe regte mich und meine worte.

Von neuem meines herren glanz empfahend
Werd ich ihm reden viel zu deinem preise …
Sie schwieg und ich erwiderte bejahend:

O Frau der Tugend deren einzige weise
Das menschliche geschlecht vor jedem sterne
Erhaben macht der an dem himmel kreise:

Ich folge deinem aufgebote gerne.
Mir scheint dass du dich schon zu lange mühtest ●
Denn ich bin keinem deiner wünsche ferne.

Nur künde noch warum du dich nicht hütest
In diesen erdenschlund dich zu versenken
Vom ort wohin du schon zu kehren glühtest!

Da du begehrest solches auszudenken ●
Gab sie zurück ● soll kunde zu dir dringen
Weshalb getrost sich meine schritte lenken:

Die furcht entsteht allein uns aus den dingen ●
Besitzen sie zu unserm schaden waffen –
Die andern können keinen schrecken bringen.

Ich bin von Gott (sei dank ihm!) so geschaffen
Dass euer elend drunten mich nicht rühre
Noch flammen eures brandes mich entraffen.

Ein edles weib des himmels sprach ● sie spüre
Mitleid bei diesem streit zu dem ich sende
Dass nicht der obre strenge spruch mehr schnüre.

Sie rief Luzien her zu diesem ende
Und sagte: Nun hat nötig der dir Treue
Der hilfe – weshalb ich an dich mich wende.

Luzia die vor jeder härte scheue
Erhob sich und trat hin zu meinem kreise
Zum sitz dess ich mich neben Rahel freue.

>O Selige! dem Herrn zum wahren preise!
Hilf ihm der dich geliebt mit solcher ehre
Dass er um dich verliess die niedren gleise.

Hörst du denn nicht auf seiner seufzer schwere ●
Siehst nicht wie streitet der vom tod bedräute
Am strom der nicht verschlungen wird vom meere?‹

Sie sprachs und drunten eilten niemals leute
Gewinn zu suchen ● schaden zu beschwören
Wie ich nach so empfangenem bedeute.

Ich stieg herab aus meinen seligen chören
Vertrauend auf dein ehrenvolles dichten
Das dich und alle ehret die es hören.

Nachdem sie so mir sprach und ihre lichten
Mit tränen angefüllten augen regte
Ließ sie mich schneller ihr geheiß verrichten.

So kam ich zu dir wie sie's auferlegte.
Ich habe dir das tier zurückgeschlagen
Das dir den weg zum schönen berg verlegte.

Was also ist? warum warum dies zagen?
Was nährest du im herzen solches grauen?
Warum gebricht es dir an freiem wagen?

Da solche drei gebenedeite frauen
Sich um dich mühen in des himmels kreise
Und dir mein reden leiht soviel vertrauen? …

So wie die blume die im nächtigen eise
Sich schloss und neigte ● wenn ein strahl ein blanker
Sie trifft ● sich aufrecht und geöffnet weise:

So tat ich ● ein in meinen kräften schwanker ●
Und so viel wagemut das herz mir wandte
Dass ich zu reden anhob wie ein franker:

O sie die gnädige die mir hilfe sandte!
Freundlicher du der ihr gehorcht so schnelle
Als sie mit wahrem worte sich verwandte!

Auf dieses wort hin hab ich auf der stelle
In meinem herzen solchen wunsch empfangen
Dass ich zurückging nach der früheren schwelle.

Nun komm! wir beide haben Ein verlangen ●
Du bist der Herr ● der Führer und der Weise.
So sagt ich ihm. Er war vorangegangen

Und ich trat an die hohe schwere reise.

HÖLLE ● II. GESANG.

ENTSENDUNG DES VERGIL

Der tag ging nieder und die düstre weite
Entledigte die wesen auf der erde
All ihrer mühn… und ich allein bereite

Mich vor zu übernehmen die beschwerde
Des mitgefühls sowohl als die der runde
Die ich im sinn der festhält schildern werde.

Seid Musen ● sei du hoher Geist im bunde!
O sinn der was ich sah du in dich schreibest:
Hier gib von deinem edeltume künde!

Ich sprach: O Dichter der du bei mir bleibest
Sieh zu ob meine tucht sich stark erweise
Bevor du zu dem hohen ziel mich treibest!

Du sagst dass Silvius' älterherr die reise
Da er verweslich war in zeitenloses
Reich angetreten – und fühlbarerweise.

Denn wenn ihn eingedenk des hohen loses
Der Gegner jeden übels gnädig führte –
Draus kommen sollte solches und so großes –

So scheint dem klugen dass sichs so gebührte ●
Da vom erlauchten Rom und seinen welten
Der höchste himmel ihn zum stammherrn kürte.

Welches und welche (soll die wahrheit gelten)
Begründet wurden in dem heiligen staate ●
Dem sitze des zu Petri thron Bestellten.

15

Durch diesen abstieg dem er rühmlich nahte
Erfuhr er dinge wie den grund er lege
Zu seinem sieg und zu dem papst-ornate.

Dann ging das Auserkorene Gefäß die stege
Um dorther trost zu bringen für die lehre
Die der beginn ist vom erlösungswege.

Doch ich darf ich dort gehn – dass mans nicht wehre?
Der ich Aeneas nicht noch Paulus gleiche:
Ich nicht und keiner fand mich wert der ehre.

Deshalb wenn ich dem drang zu gehen weiche
Befürchte ich mein gang sei eines tollen …,
Du weiser fassest mehr als ich dir reiche …

Und wie ein mann wegwill von seinem wollen
Und seinen vorsatz tauscht mit neuem sinne
Der ganz ihn abhält von dem ersten sollen:

So ging es mir in jener dunklen rinne ●
Dass ich bedenkend meinen plan bereute
Den ich so eilig fasste beim beginne …

Wenn ich was du mir sagtest richtig deute ●
Versezte drauf des hochgemuten schatte ●
So wurde dein gemüt der feigheit beute

Durch die in manchem fall der mensch ermatte ●
Dass ihn erschrecken ehrenvolle schritte
Wie falsche schau die tiere wenn es schatte.

Damit dir jener knoten sei durchschnitten
Hör wie ich komme und wie sichs begebe
Seit ich zum erstenmal um dich gelitten.

Ich war bei jenem volk das hangt in schwebe
Da rief ein weib mich ● eine selige Holde ●
So dass ich bat dass sie befehl mir gebe.

Ihr auge glänzte gleich dem sternengolde
Und engelsstimme drang aus ihrer kehle
Als sie zu reden anhub sacht und holde:

O hilfbereite Mantuaner seele
Mit einem ruhme heute noch von dauer
Und der solang die welt sich dreht nie fehle:

Mein freund – nicht der des schicksals – ist in trauer
Auf ödem strand und so gedrängt von plagen
Auf seinem weg dass er sich kehrt vor schauer.

Ich fürchte fast er ist so weit verschlagen
Dass ich zu spät mich hob zu meinem gange
Nach dem was ich im himmel hörte sagen.

Nun eile du mit deiner rede klange ●
Mit dem was ihm gebricht sei ihm zum horte
Dass er sich rette und ich trost erlange!

Ich bin die Selige! aus jenem orte
Wohin zu kehren mich verlangt dir nahend –
Die liebe regte mich und meine worte.

Von neuem meines herren glanz empfahend
Werd ich ihm reden viel zu deinem preise …
Sie schwieg und ich erwiderte bejahend:

O Frau der Tugend deren einzige weise
Das menschliche geschlecht vor jedem sterne
Erhaben macht der an dem himmel kreise:

Ich folge deinem aufgebote gerne.
Mir scheint dass du dich schon zu lange mühtest •
Denn ich bin keinem deiner wünsche ferne.

Nur künde noch warum du dich nicht hütest
In diesen erdenschlund dich zu versenken
Vom ort wohin du schon zu kehren glühtest!

Da du begehrest solches auszudenken •
Gab sie zurück • soll kunde zu dir dringen
Weshalb getrost sich meine schritte lenken:

Die furcht entsteht allein uns aus den dingen •
Besitzen sie zu unserm schaden waffen –
Die andern können keinen schrecken bringen.

Ich bin von Gott (sei dank ihm!) so geschaffen
Dass euer elend drunten mich nicht rühre
Noch flammen eures brandes mich entraffen.

Ein edles weib des himmels sprach • sie spüre
Mitleid bei diesem streit zu dem ich sende
Dass nicht der obre strenge spruch mehr schnüre.

Sie rief Luzien her zu diesem ende
Und sagte: Nun hat nötig der dir Treue
Der hilfe – weshalb ich an dich mich wende.

Luzia die vor jeder härte scheue
Erhob sich und trat hin zu meinem kreise
Zum sitz dess ich mich neben Rahel freue.

>O Selige! dem Herrn zum wahren preise!
Hilf ihm der dich geliebt mit solcher ehre
Dass er um dich verliess die niedren gleise.

Hörst du denn nicht auf seiner seufzer schwere ●
Siehst nicht wie streitet der vom tod bedräute
Am strom der nicht verschlungen wird vom meere?‹

Sie sprachs und drunten eilten niemals leute
Gewinn zu suchen ● schaden zu beschwören
Wie ich nach so empfangenem bedeute.

Ich stieg herab aus meinen seligen chören
Vertrauend auf dein ehrenvolles dichten
Das dich und alle ehret die es hören.

Nachdem sie so mir sprach und ihre lichten
Mit tränen angefüllten augen regte
Ließ sie mich schneller ihr geheiß verrichten.

So kam ich zu dir wie sie's auferlegte.
Ich habe dir das tier zurückgeschlagen
Das dir den weg zum schönen berg verlegte.

Was also ist? warum warum dies zagen?
Was nährest du im herzen solches grauen?
Warum gebricht es dir an freiem wagen?

Da solche drei gebenedeite frauen
Sich um dich mühen in des himmels kreise
Und dir mein reden leiht soviel vertrauen?…

So wie die blume die im nächtigen eise
Sich schloss und neigte ● wenn ein strahl ein blanker
Sie trifft ● sich aufrecht und geöffnet weise:

So tat ich ● ein in meinen kräften schwanker ●
Und so viel wagemut das herz mir wandte
Dass ich zu reden anhob wie ein franker:

O sie die gnädige die mir hilfe sandte!
Freundlicher du der ihr gehorcht so schnelle
Als sie mit wahrem worte sich verwandte!

Auf dieses wort hin hab ich auf der stelle
In meinem herzen solchen wunsch empfangen
Dass ich zurückging nach der früheren schwelle.

Nun komm! wir beide haben Ein verlangen ●
Du bist der Herr ● der Führer und der Weise.
So sagt ich ihm. Er war vorangegangen

Und ich trat an die hohe schwere reise.

HÖLLE ● II. GESANG.

INSCHRIFT DES HÖLLENTORS ● DIE LAUEN

>Durch mich geht man hinein zur stadt der trauer
Durch mich geht man in der Verlornen zelle
Durch mich geht man zum leiden ewiger dauer.

Aus recht gab mir der Schöpfer meine stelle
Die göttliche Gewalt hat mich geweitet
Die erste Liebe und die höchste Helle.

Vor mir war kein geschaffnes ding bereitet
Nur ewige – wie auch ich ewig stehe.
Lasst jede hoffnung die ihr mich durchschreitet.<

Dies wort in einer dunklen farbe sehe
Ich aufgeschrieben über einer türe …
Ich sprach: der sinn ● o meister ● macht mir wehe.

Drauf er ● als kundiger dessen was gebühre:
Hier ziemt dass jeder zweifel sei gebrochen ●
Nicht ziemt hier dass sich irgend feigheit rühre.

Wir sind am ort von dem ich dir gesprochen
Wo ich dich zum verlornen volke bringe
Das seiner güter höchstes hat verbrochen …

Er legt' um meine seine hand als schlinge
Mit heitrem blick ● worob ich trost empfangen
Und ließ mich ein in die geheimen dinge.

Dort in der sternenlosen luft erklangen
Seufzer und schluchzen und ein laut gestöhne
Worüber ich mit weinen angefangen.

Seltsame sprachen ● fürchterliche töne ●
Worte der qual ● geschrei des zornes ● volle
Und dumpfe stimmen ● dazu handgedröhne:

Sie machten ein getöse als ob rolle
In ewig dicker luft ununterbrochen
Das von den fröschen in des sturmes grolle.

Ich sprach ● das haupt voll zweifelhaftem pochen:
Meister ● was höre ich in diesem kreise
Für volk das so vom schmerze scheint durchstochen?

Und er zu mir: Solch jammervolle weise
Muss die elende seele der erfahren
Die lebten ohne schmach und ohne preise.   ‘

Sie sind gemischt mit jenen schlechten scharen
Mit jenen engeln welche nicht rebellen
Noch treu dem Herren sondern für sich waren.

Der himmel jagt sie dass er nichts vom hellen
Einbüßt noch birgt man sie im höllischen schlunde
Dass nicht die sünder drob sich höher stellen.

Ich sagte: Meister ● was für eine wunde
Ist es in ihnen die sie so macht leiden?
Und er: Ich gebe davon kurz dir kunde:

Diesen ist hoffnung nie: ganz zu verscheiden –
Und nichts ist wie ihr leben niedrer trüber
So dass sie jedes andre los beneiden.

Von ihnen dringt kein ruhm der welt hinüber ●
Von Gnade wie von Recht sind sie verachtet ●
Sprich nicht von ihnen ● schau und geh vorüber!

HÖLLE ● III. GESANG ● 1–51.

DIE GRUPPE DER DICHTER

Noch hatten wir bis hier nicht lang zu schreiten
Vom obern end ● da sah ich eine helle
Im halbkreis brechen durch die dunkelheiten.

Nicht mehr so ferne waren wir der stelle
Dass ich bemerkte was in diesen kreisen
Für ehrenvolle gruppe sich geselle.

>Du Ehre aller Künstler aller Weisen
Wer sind doch die mit solcher anerkennung
Dass sie sich scheiden von der andren gleisen?<

Und jener sprach: Die ehrenreiche nennung
Die über sie erklingt in eurem leben
Erwirkt vom himmel ihnen solche trennung.

Da hört ich eine stimme sich erheben:
Erweiset ehre eurem höchsten dichter!
Der uns verließ ist uns zurückgegeben.

Sobald die stimme innehielt kam dichter
An uns heran ein zug vier großer Schemen.
Nicht froh noch traurig waren die gesichter.

Mein Meister dann begann das wort zu nehmen:
Sieh der den degen in die hand getan
Der als der erste kommt gleich den vornehmen:

Es ist Homer ● der dichter fürst und ahn.
Dort ist Horaz ● der finder der satire ●
Ovid der dritte und zulezt Lukan.

Desselben namens bin ich wie die viere
Der eben tönte wie aus einem munde …
Mir ehr antuend tuen sie das ihre …

Ich sah die schöne schule hier im bunde
Und des erhabensten gesanges leiter
Der wie ein aar schwebt vor der ganzen runde.

Sie redeten noch kurz zusammen weiter
Worauf ihr grüßend winken mich umkreiste …
Froh lächelte darüber mein begleiter.

Doch mich zu ehren taten sie das meiste
Indem sie mich in ihre reihe nahmen:
Ich sechster wurde neben solchem geiste.

HÖLLE ● IV. GESANG ● 67–102.

FRANZISKA VON RIMINI

Nachdem mein lehrer mir die namen nannte
Von Altertumes fraun und paladinen
Ergriff mich mitleid dass es fast mich bannte.

Und ich begann: Dichter! dürft ich mit ihnen
Dort reden die als paar zusammengehen
Und die im wind so leicht zu schweben schienen.

Und er: Wart bis sie näher zu uns drehen
Und ob der liebe die mit ihnen schaltet
Bitte sie und du wirst sie kommen sehen.

Sobald der wind sie zu uns hin gefaltet
Hob ich die stimme: ›Seelen ihr in plagen
Kommt her und sprecht mit uns ● so Er es waltet.‹

Wie tauben dem verlangen folgend schlagen
Hin durch die luft die breite dichte schwinge
Zum süßen neste: so vom wunsch getragen

Enteilten jene aus der Dido ringe
Und kamen durch das stürmende geflute
Als ob der neigung ruf sie zu uns zwinge.

›O kreatur freundwillige und gute
Die du besuchest durch den finstern schwaden
Uns die wir einst die welt gefärbt mit blute:

Säh uns der Weltenherrscher an in gnaden
So flehten wir zu ihm ● dir zum gewinne ●
Der du bemitleidst unsern schlimmen schaden …

Wo hören euch und reden liegt im sinne
Werde ich hören euch und reden werde
Ich euch solang der wind ● wie jezt ● hält inne.

Es liegt die mich geboren hat die erde
Am ufer wo der Po enteilt zur münde
Dass ihm und seinen folgern ruhe werde.

Liebe die edlen herzen rasch sich künde
Zog jenen hin zu meinem schönen leibe
Den mir entriss – noch grämt mich welche – sünde.

Die nie will dass geliebtes lieb-los bleibe
Liebe band mich an ihn mit solchem knoten ●
Dass wie du siehst kein los ihn von mir treibe.

Liebe sandt uns zusammen zu den toten.
Der uns erschlug kommt ins bereich der Kaine.<
Dies war die rede die sie uns erboten.

Als ich vernommen dieser seelen peine
Neigt ich das haupt und hielt so tief die blicke
Dass mich der dichter fragte was dies meine.

Da kam mein wort als ob es mich ersticke:
Ach wieviel süßes sinnen süßer schauer
Hat sie geführt zum schmerzlichen geschicke!

Dann wandt ich an die beiden mich genauer
Und ich begann: Franziska ● deine wunde
Weckt bis zum weinen mitleid mir und trauer.

Doch sag mir: zu der süßen seufzer stunde
Wobei und welcherart gab der Begehrer
Euch von den zweifelhaften wünschen kunde?

Und zu mir sprach sie: Keine qual ist schwerer
Als der glückseligen zeiten zu erwähnen
Im ungemach. Davon weiß auch dein lehrer.

Doch wenn zu forschen liegt in deinen plänen
Nach unsrer lieb in ihren ersten zügen
So will ich tun wie er der spricht mit tränen …

Wir lasen eines tages zum vergnügen
Von Lanzelot ● wie liebe ihn bedrückte.
Ich war allein mit ihm und sah kein trügen.

Mehrmalen schon in unsren augen zückte
Dies lesen und verfärbte uns die wange.
Doch eine zeile wars die uns berückte:

Da stand wie unter dem sehnsüchtigen drange
Sotanen freundes sich die lippen heben –
Als er der nun auf ewig an mir hange

Mich auf den mund geküsst hat ganz in beben …
Verführer war das buch und ders verfasste.
Den tag war unser lesen aufgegeben.

Als so der eine geist gesprochen ● fasste
Den andren solches schluchzen dass vor weiche
Mir die besinnung schwand und ich erblasste.

Und ich fiel hin als fiele eine leiche.

HÖLLE ● V. GESANG ● 70–142.

EINTRITT IN DIE STADT DES DIS

Er sprach noch mehr ● doch blieb mirs nicht im sinne ●
Denn gänzlich ward mein blick hinaufgetragen
Zum hohen turm mit der erglühten zinne.

Ich sah an gleicher stelle plötzlich ragen
Drei höllen-furien blutübergoßen ●
Sie hatten weibes glieder und betragen.

Von schlangen tiefgrün waren sie umschlossen ●
Vipern und nattern trugen sie statt haaren
Die ihnen um die wilden schläfe schossen.

Und er der wohl bekannt war mit den scharen
Der königin von ewigen weinens orten:
Sieh – sprach er – die Erinnyen ● die furchtbaren!

Hier links magst du Megära und rechts dorten
Die weint ● Alekto ● und inmitten schauen
Tisiphone … er schwieg nach solchen worten.

Sie rissen ihre brust sich mit den klauen
Die hände schlagend mit so lautem schrein
Dass ich mich an dem dichter barg vor grauen.

Medusa komm ● wir machen ihn zu stein!
Mit Theseus gingen schlimm wir ins gerichte …
Schrieen sie ● niederblickend im verein.

>Dreh dich herum und hülle dein gesichte!
Wenn sich die Gorgo zeigt und es sie schaute
Dann gäb es keine rückkehr mehr zum lichte.<

Dies sprechend wandte mich Vergil und traute
So wenig dem was meine hand beginne
Dass er noch mit der eignen mich verbaute.

O ihr mit dem besitz gesunder sinne
Gebt acht auf die belehrung die sich decke
Unter dem sonderbaren vers-gespinne!

Es kam mit einem tone voll von schrecke
Schon ein getöse durch die stürmischen fluten
Dass das gestad erbebt an jeder ecke.

Nicht anders klingt es wenn vom streit der gluten
Erregt ● die winde voller ungebärde
Den wald durchziehn und ohne dass sie ruhten

Die äste spalten brechen und zur erde
Wegschleudern ● vorwärts geht ihr stäubend toben
Und treibt zur flucht die hirten und die herde.

Er löste mir die augen: Nun erhoben
Den blick! sprach er – zum sumpf der immer dauert
Dorthin wo rauch am stärksten steigt nach oben …

Wie bei der schlange nahn die auf sie lauert
Die frösche durch das wasser hin zerstieben
Bis jeder auf dem lande niederkauert:

Sah ich an tausend seelen aufgetrieben
Vor Einem fliehn der auf den stygischen pfaden
Hinschritt dass ihm die sohlen trocken blieben.

Er fegte vom gesicht den dicken schwaden
Mit seiner linken häufigem geschwenke
Und nur von solcher müh schien er beladen.

Ich wusste wohl dass ihn der himmel lenke –
Ich sah den meister an und mich beschied er
Dass schweigend ich das haupt vor Jenem senke.

Ach mit wieviel Verachtung sah er nieder!
Er kam zur pforte und mit einer gerte
Tat er sie auf und es gab kein dawider.

HÖLLE ● *IX. GESANG* ● *34–90.*

FARINATA UND CAVALCANTE

>O Tusker der du durch die Stadt der flammen
Lebendig gehst und also sprichst mit ehre
Bleib eine weile hier mit mir zusammen ●

Da ich aus deiner sprache mich belehre
Du seist aus jenem edlen heimatlande
Dem ich gemacht vielleicht zu viel beschwere.<

Plötzlich entschallte dieser laut dem rande
Einer der archen ... dies ließ bang mich gehen
Etwas zurück zu meines führers stande.

Der sagte mir: Kehr um! was ist geschehen?
Sieh ● Farinata steigt aus seinem schachte ...
Vom gürtel aufwärts wirst du ganz ihn sehen ...

Indem ich ihn mit festem blick betrachte
Hob er sich mit der brust und dem gesichte
So als ob er die hölle tief verachte.

Die hände kühn und fertig zum verrichte
Drängten mich zu ihm durch der särge runde
Als sagten sie: Dein wort sei von gewichte!

Und als ich stand an seines sarges grunde
Da wandt er sich zu mir mit lässiger schaue
Fast unwirsch: Gib von deinen ahnherrn kunde!

Als willig zu gehorchen aufs genaue
Ich ohne hehle alles ihm beschrieben ●
Da zog er in die höhe seine braue

32

Und sagte: Grimmig feind sind sie geblieben
Für mich für meinen stamm und meine leute ●
Drum hab ich zweimal sie hinausgetrieben.

Wiewol verjagte ● sprach ich ● und zerstreute
Kam jedmal neu die macht in ihre hände
Indes die euren gleiche kunst nicht freute …

Da hob sich über ungedeckte rände
Ein schatten neben aufwärts bis zum kinne ●
Es war als ob er auf den knieen stände ●

Sah um mich her als hätte er im sinne
Noch einen zu erspähn der mich begleite ●
Dann aber ward er seinen irrtum inne

Und sagte weinend: Wenn des geistes weite
Dich durch dies dunkele gefängnis sandte:
Wo ist mein sohn? warum nicht dir zur seite?

Und ich: Nicht eigne kraft wars die mich wandte.
Er der dort wartet hat mich mitgenommen
Den wol dein Guido vormals nicht erkannte. -

Zu fragen wie er hieß war ohne frommen
Nach seinem wort und bei der art der qualen ●
Drum gab ich ihm die antwort so vollkommen.

Da sprang er plötzlich auf und rief: >Vormalen<
Hast du gesagt? So lebt er nicht mehr droben?
So trifft sein blick nicht mehr die süßen strahlen?

Und als ich eine weile aufgeschoben
Die antwort: ihm zu geben und ers merkte
Sank er zurück und kam nicht mehr nach oben.

HÖLLE ● *X. GESANG* ● *22–72.*

PETRUS DE VINEA

Allseitig war von klagen ein geschwirre ●
Doch sah ich keinen der hervor es brachte ●
Deswegen blieb ich stille stehn ganz irre.

Ich denke dass er dachte dass ich dachte
So viele stimmen kämen aus dem laube
Von einer schar die sich unsichtbar machte.

Der Meister sagte mir deswegen: Klaube
Ein zweiglein ab von einem solchen stamme
Dass es die meinung die du hast dir raube.

Nun strecke ich die hand hervor und kramme
Ein ästchen ab von einer großen hecke.
Da schrie der strunk: Was machst du mir die schramme?

Darauf bekam er von dem blute flecke
Und schrie zum zweitenmal: Warum mich schinden?
Ob denn in dir kein hauch von mitleid stecke?

Wir waren menschen und nun sind wir rinden ●
Und hätten seelen wir gehabt von nattern ●
Wir hätten mildre hände dürfen finden …

Wie grünes scheit um das die flammen knattern
Am obern end ● am untern tropfen hangen -
Und das erzischt von dämpfen die verflattern:

So waren aus dem riss hervorgegangen
Worte und blut … ich ließ das zweiglein fallen
Und stand dann stille wie ein mensch in bangen.

HÖLLE ● XIII. GESANG ● 22–45.

BRUNETTO LATINI

Ein solcher schwarm beäugte mich jetzunder
Und einer kannte mich der mein begehrte
Und rief am kleid mich fassend: Welch ein wunder!

Und als er seine arme zu mir kehrte
Drang ich mit meinem aug in die verdorrte
Gestalt bis die verbrannte nicht mehr wehrte

Sie zu erkennen und ich gab die worte
Mit meinem antlitz dicht das seine fassend:
Meister Brunetto ● ihr an diesem orte?

Und er darauf: Mein sohn ● schein' es dir passend
Dass Brun Latini mit dir einige schritte
Nach rückwärts gehe seinen schwarm verlassend!

Ich sprach zu ihm: Mit allen kräften bitte
Ich euch ● wollt ihr dass ich mich zu euch setze?
Ich würd es gern wenn es mein führer litte.

O sohn ● versezt er ● wer in unsrer hetze
Still steht muss liegen ohne sich zu rühren
An hundert jahr wie auch die glut ihn wetze.

Doch geh nur und lass deinen saum mich führen!
Hernach kehr ich zurück zu meiner herde
Wo weinend wir den ewigen schaden spüren.

Nicht wagt ich mich mit ihm auf gleiche erde
Und schritt gesenkten hauptes am gestade
Wie einer mit ehrfürchtiger geberde.

Und er begann: Welch los und welche gnade
Lässt vor dem lezten dich hern iederschweben
Und wer geleitet dich auf diesem pfade?

Da droben über euch im heitren leben ●
Sagt ich ● verlor ich mich in einem tale
Eh noch des alters fülle mir gegeben.

Früh gestern ließ ichs - doch zum zweiten male
Geriet ich hin als jener kam von ferne.
Nun führt er mich auf diesem weg zum strahle.

Und er zu mir sprach: Folgst du deinem sterne ●
Verfehlst du nicht den ruhmesvollen hafen.
Vom schönen leben her gedenkt mirs gerne.

Wär ich nicht zu so früher zeit entschlafen
Du hättest trost gehabt von meiner lippe
Da sichtlich dich des himmels gnaden trafen.

Doch jene undankbare böse sippe
Die einst von Fiesole im niedersteigen
Noch manches mit sich nahm von klotz und klippe

Wird für dein wohltun dir sich feindlich zeigen
Und dies mit recht ● denn zwischen sauren früchten
Geziemt das wachstum nicht den süßen feigen.

Sie heißen blind nach frühesten gerüchten ●
Ein volk von neid und geiz und stolz zerrissen.
Bewahre du dich rein von ihren züchten.

Dein glück wird solche ehren für dich wissen
Dass die und jene schar nach dir die pfote
Ausstrecken wird … doch weg vom tier den bissen!

Das Fiesolaner Raubvieh häufe tote
Im eignen schwarm ● nur fress es nicht die bramen –
Wenn je noch einer wächst aus seinem kote –

Daran lebendig wird der heilige samen
Von Römern die geblieben sind als schlechte
Den ort zum sitze ihrer bosheit nahmen …

Wär meine bitte mir erfüllt zu rechte ●
Gab ich zur antwort ihm ● vertrieben wäret
Ihr heut noch nicht vom menschlichen geschlechte.

Zu herzen geht mir wie im geist mir währet
Noch eure gute teure vatermiene
Als ihr auf erden täglich habt erkläret

Wo sich der mensch die ewigkeit verdiene.
Wie hoch ich dieses hielt solang ich lebe:
Dass es aus meinen worten widerschiene!

HÖLLE ● XV. GESANG ● 22-87.

DIE DREI FLORENTINER ●

DER RIESE GERYON

An jenem ort vernahm man das gebrumme
Des wassers das zum andern kreis im laufe
Abrann – wie eines bienenstocks gesumme.

Da sonderten gleichzeitig aus dem haufe
Drei schatten sich von einer fliehnden bande
Die duldete durch scharfer qualen traufe.

Sie riefen ● sich uns nähernd bis zum rande:
Bleib stehen! durch dein kleid gibst du uns kunde
Einer zu sein aus unsrem schlimmen lande.

An ihrem leib ● ach! sah ich wund an wunde
Vom biss der flammen ● neue neben alten …
Daran zu denken schmerzt mich bis zur stunde.

Bei ihrem rufe blieb mein führer halten ●
Er wandte sich zu mir und sprach: ›Verweile ●
Vor diesen schickt sich höfliches verhalten!

Wär es nicht wegen jener feuerpfeile
Mit denen das gesetz des orts kasteie
So spräch ich: Mehr als ihnen ziemt dir eile.‹

Wir standen still und mit dem frühern schreie
Hoben sie wieder an und vorgetreten
Machten ein rad aus sich sie alle drei.

So ähnlich wie gesalbt und nackt athleten
Den griff erspähen und die rechte weise
Eh sie sich geben schlag und stoß: so drehten

Den blick auf uns gerichtet sich im kreise
Die drei ● dass umgewendet sich zum fuße
Der hals befand auf einer ständigen reise.

>Ach wenn nicht ob des lockern ortes buße
Du uns und unsrem wort verachtung zeigest –
So sprachs – und ob der blöße und dem russe:

Vermöge unser ruhm dass du dich neigest
Zu sagen wer du bist der du so feste
Lebendigen fußes durch die hölle steigest.

Der dort in dessen spur ich meine presste
War ● ob er auch ganz nackt und kahl dir nahte ●
Mehr als du ahnen kannst im rang der beste …

Enkel war er der gütigen Waltrate ●
Hieß Guidoguerra und in seinem leben
Tat viel er mit dem schwert wie mit dem rate.

Der andre der den sand zertritt daneben
Ist Aldobrandi dem man nicht in gnaden
Als er noch droben war gehör gegeben.

Ich mit der gleichen qual wie sie beladen
Bin Rusticucci und gewiss erweckte
Mein arges weib mir mehr als alles schaden.<

Es gab nichts was mich vor den flammen deckte
Sonst wär ich auf sie drunten zugeflogen
Versichert dass mein führer mich nicht schreckte.

Doch hätten brand und glut mich überzogen …
So schwand die gute absicht mir vorm schauer
Die jene zu umarmen mich bewogen.

Drauf ich begann: Nicht abscheu sondern trauer
Ist es wozu mich euer Schicksal rührte
Die in mir haften bleibt auf lange dauer.

Nach worten die hier dieser der mich führte
Zu mir gesprochen konnte ich gewahren
Als ihr des weges kamt was euch gebührte.

Ich bin aus eurer stadt und hab seit jahren
Von eurem werk und eures namens ehre
Mit zuneigung gesprochen und erfahren.

Das gift verlass ich um die süße beere
Verheißen mir durch meines lenkers treue …
Doch erst ist not dass ich ins tiefste kehre.

>Wenn sich mit seiner seele lang noch freue
Dein körper ● rief es dann aus gleichem munde ●
Und nachher ständig sich dein ruhm erneue –

So sag: ist sitte noch und mut im bunde
Mit unsrer Stadt so wie vergangner tage …
Sind sie vielmehr nicht ganz und gar im schwunde?

Denn Borsiere der zur selben plage
Erst kurz mit unsren scharen weilt hier drinne
Gibt uns bericht der uns bewegt zur klage.<

Die neuen leute ● plötzliche gewinne
Sie haben stolz und unmaß großgezogen
Florenz in dir! schon wirst du's schmerzlich inne!

So rief ich laut das haupt zurückgebogen…
Da sahn die drei sich an die dies vernommen
So wie man schaut beim spruch der nicht getrogen.

>Wird nächstes mal nicht übler dirs bekommen •
So sagten sie • bei solcher auskunft worten
Dann heil dir der du also sprichst zum frommen.

Drum • wenn entflohen diesen dunklen orten
Du rückkehrst um zu schaun die schönen sterne •
Wenn dich erfreut zu sagen: ich war dorten –

Mach dass man uns zu rühmen nicht verlerne!<
Dann lösten sie das rad und flügeln gleiche
Enteilten ihre beine in die ferne.

Nicht wäre möglich dass so schnell entweiche
Zeit für ein amen als sie uns entschwanden…
Drum brach mein führer auf aus dem bereiche.

Ich folgte ihm… nach kurzem gange fanden
Wir nah die fluten mit solch lautem klange
Dass sprechend wir uns hätten kaum verstanden.

Wie jener fluß der ganz mit eignem gange
Als erster ostwärts vom berg Veso droben
Und an dem linken Apenninen-hange •

Den man das Stille Wasser heißt dort oben
Eh er zu seinem flachen bette sausend
Wird solchen namens bei Forlì enthoben:

Wie jener ob Sankt Benedikten brausend
Im hochgebirg entstürzt in Einem falle
Wo raum genügend dürfte sein für tausend:

So fanden wir mit einem solchen schwalle
Am steilen rande jene dunkle welle
Dass bald das ohr beleidigt war vom schalle…

Ich trug ein seil an eines gürtels stelle
Mit dem ich fangen wollt in manchen stunden
Das pardeltier mit dem gefärbten felle.

Nachdem ich es ganz von mir losgebunden
Wie es befohlen hatte mein geleite
Reicht ich es ihm zu einem knäul gewunden.

Drauf drehte er sich nach der rechten seite
Und etwas ferne bleibend von der kante
Warf er es nieder in die schlucht ● die weite.

Nun mache dich gefasst aufs unbekannte ●
Sprach ich zu mir ● nach jenem neuen zeichen
Auf das der Meister so das auge wandte.

Ach welch vorsichtige angst muss uns beschleichen
Vor dem der nicht nur augen hat für taten ●
Dess blicke bis in die gedanken reichen!

Er sagte mir: >Bald wird worum wir baten
Nach oben ziehn und was dein träumen füge
Wird bald vor deinem blicke sich verraten.<

Der wahrheit mit dem angesicht der lüge
Verschließe jeder seine lippen bange…
Denn ohne seine schuld bringt sie ihm rüge.

Doch hier kann ich nicht schweigen ● und beim klange
Dieser Komödie ● o Leser ● schwöre
Ich dir ● sofern sie spät noch gunst erlange:

Dass ich durch schwere dunkle luft ins höh're
Auftauchend eine schreckgestalt erkunde
Die jeden noch so festen mut verstöre ●

Wie einer umkehrt der im meeresschlunde
Den anker freigemacht daran sich hemmend
Ein felsstück oder andres hing im grunde:

Die füße an sich zieht die arme stemmend.

HÖLLE ● XVI. GESANG.

DER FELSENSTIEG ●

DER DIEB FUCCI ● DER PHÖNIX

Wenn es geschieht dass sich im jungen jahre
Der sonne haar im Wassermann erhitze
Und halb und halb schon nacht mit tag entfahre:

Zu dieser zeit malt Früh-reif eine skizze
Des weißen bruders hin auf das gelände ●
Doch kurz nur dauert seiner feder spitze.

Der landmann dem das futter ging zu ende
Steht auf und schaut hinaus und sieht die auen
Ganz weiß geworden und er ringt die hände …

Er kehrt ins haus ● ratlos wie um sich schauen
Leute in not ● er spricht von seinem leide
Er kommt dann wieder und schöpft neu vertrauen

Wenn er die welt sieht mit getauschtem kleide
In kurzer frist … er greift nach seinem stecken
Und seine schafe jagt er auf die weide:

Also versezte mich Vergil in schrecken ●
Ich sah wie sorge seine stirn bedrücke ●
Und alsobald kam salbe für den flecken:

Als wir gelangten zur zerstörten brücke
Trat er zu mir so zärtlich sich bestrebend –
Dies rief ihn mir an berges fuß zurücke –

Er tat die arme auf und folge gebend
Dem innern rat ● sah er sich zum beginne
Die trümmer an und dann trug er mich schwebend.

Wie einer schaffend sich zugleich besinne
Der immer sorgt wie er das nächste packe:
So hob er mich auf eines felsens zinne ●

Besichtigte dann eine andre zacke
Und sagte: mach nun diese dir zunutze ●
Doch prüfe erst ob sie beim griff nicht knacke! …

Das war kein weg für einen mit kapuze
Den beide wir ● er frei und ich mit schieben
Kaum konnten aufwärts steigen stutz nach stutze.

Und wenn der hang nicht minder weit umschrieben
Von diesem war als von dem andern runde:
Wenn auch nicht Er – ich wäre liegen blieben.

Da aber Malebolge nach dem munde
Der allertiefsten grube ganz sich neige:
So ist es das gesetz von jedem schlunde

Dass sich ein rücken senke ● einer steige.
Wir langten endlich an und sahn von oben
Dass hier der lezte felsenblock sich zeige.

So mühsam hat sich meine brust gehoben
Am ziele ● dass ich nicht mehr wich vom flecke ●
Sogar mich niederliess sobald ich droben.

Der Meister sprach: nun ziemt nicht dass vom schrecke
Du schwach wirst … in des polsterstuhls genusse
Kommt man zum ruhme nicht ● noch in der decke.

Wer ohne den sein leben bringt zum schlusse
Lässt auf der welt von sich kein weitres zeichen
Als rauch im winde oder schaum im flusse.

Drum heb dich auf und bändige dies keichen
Mit deinem geist! der bändigt alle Streiter
Wenn er dem schweren körper nicht will weichen.

Dir steht bevor ein steig auf längrer leiter…
Dein gang hier unten reicht nicht aus zum werke.
Wenn du verstehst so helfe dies dir weiter!

Da stand ich auf damit er in mir merke
Mehr lebensatem als ich wirklich nährte
Und sagte: komm! ich habe mut und stärke.

Auf dem geklüft verfolgten wir die fährte
Die felsig enge war und unzugänglich
Und steiler noch als die bisher gewährte.

Ich sprach im gehn – so schien ich mir nicht bänglich –
Und eine stimm entstieg der nächsten klamme
Doch um ein wort zu bilden unzulänglich.

Ich fasste nichts ● stand ich auch auf dem kamme
Des bogens der hier zwischen lag als strebe ●
Doch schien es dass den sprecher zorn entflamme.

Ich sah hinunter ● doch kein aug das lebe
Kann durch das finster dringen bis zum schlunde:
Meister ● sprach ich ● vom andren walle hebe

Dich her! und steig mit mir hinab zum grunde.
Ich höre wol doch kann ich nichts verstehen
So wie ich schaue aber nichts erkunde.

Er sprach: nicht andre antwort soll ergehen
Als die der tat… denn ein gerecht anliegen
Muss stumm erwidert werden mit geschehen.

Wir waren an der brücke abgestiegen
Wo sie verbindet mit der achten mauer
Und dann sah ich die bolge vor mir liegen.

Ich sah darinnen schreckliches gekauer
Von schlangen ● an gestalt so mannigfachen
Dass heute noch mein blut erstarrt vom schauer.

So kann nicht Lybiens wüste rühmens machen
Von dem was sie an ottern vipern schleichen
Hervorbringt und an würmern und an drachen ●

Noch sieht man schlimmres giftgeziefer streichen
Und mehr im ganzen lande der Aethiopen…
In diesen furchtbarn knäueln ● ohnegleichen

Sogar beim Roten Meere in den tropen ●
Kam eine schar nackt und entsezt gesprungen
Nichts hoffend von versteck noch Heliotropen.

Die hände trugen rückwärts sie gezwungen
Von nattern die in ihren hüften Stacken
Die köpfe und die schweife vorn verschlungen.

Ich sah dann eine schlange einen packen
Der uns am nächsten war und ihn durchstechen
Dort wo sich an die schulter fügt der nacken.

So schnell kann man ein a und i nicht sprechen
Wie er entbrannt' und glühte ● und vernichtet
Zu lauter aschen musst er niederbrechen.

Doch kaum lag er am grund so zugerichtet
Als sich der staub von selbst zusammenschweißte
Zum gleichen der er vorher war verdichtet.

So wie bezeugt von manchem hohen geiste
Der Phönix sterbe und sich dann erneue
Wenn das fünfhundertste der jahre kreiste …

Kein kraut kein korn das ihn als speise freue ●
Er lebt von weihrauch-träne und gewürze
Und nard und myrrhe sind ihm lezte streue …

Und so wie einer der zu boden stürze –
Er weiß nicht wie – durch böser geister klauen
Durch jene sucht die uns die freiheit kürze:

Wenn er sich dann erhebt noch ganz im grauen
Der großen ängste die ihn überwanden
Und ringsherum blickt und erseufzt im schauen:

So war der sünder als er aufgestanden.

HÖLLE ● XXIV. GESANG ● 1–118.

ODYSSEUS LETZTE FAHRT

Nachdem die flamme angelangt war dorten
Wo es ihm gut erschien nach ort und stande
Hört ich den führer reden mit den worten:

Ihr die ihr beide seid in Einem brande
Wenn ichs um euch verdient wie ihr auch richtet ●
Wenn ichs um euch verdient im erdenlande

Als ich die hohen verse einst gedichtet:
Geht nicht hinweg… einer von euch entdecke
Wie er zum tode kam durch sich vernichtet!…

Der alten doppelflamme größre ecke
Zuerst mit murmeln auf- und niederragte
Wie eine die der windeshauch erschrecke ●

Dann mit der spitze hier und dorthin jagte…
Als wäre zunge sie die ihn entsandte
So schnellte sie den laut hervor und sagte:

Ich trennte mich von Kirke die mich wandte
Ein jahr schon bei Gaëta ab vom wege
Bevor Aeneas so den platz benannte.

Nicht zärtlichkeit des sohnes ● nicht die pflege
Des greisen vaters ● nicht die schuldige liebe
Die in Penelope die freude rege:

Vermochte dass mein drängen unterbliebe
Wie ich mich über alle welt belehre ●
Der menschen tüchtigkeit und eitle triebe.

Ich steuerte hinaus zum offnen meere
Mit Einem fahrzeug und den paar genossen
Die mich erwählt zum ständigen verkehre.

Die beiden ufer hatten wir erschlossen
Bis nach Marokko bis zu den Hispanen
Und andrem land vom gleichen meer umfloßen.

Wir alt und müd schon ich und die kumpanen
Gelangten dann zu jenem engen rachen
Wo uns die pfosten Herkules' gemahnen

Von hier ab weiter keinen schritt zu machen.
Rechts ließ ich schon die küste der Iberer
Links hatte Ceuta hinter sich der nachen.

O brüder ● sprach ich ● durch die unzahl schwerer
Gefahren seid ihr nun gelangt zum westen.
Zeigt euch an hohem sinne nun nicht leerer

In eures lebens nur noch kargen resten:
Dass ihr jezt die erforschung wolltet missen
Der sonn-rückwärtigen unbewohnten festen.

Ich ruf euch eure abkunft ins gewissen:
Ihr seid nicht da zu leben gleich den kühen
Doch zum verfolg von tüchtigkeit und wissen.

Ich machte für die weiterfahrt erglühen
Mit dieser kurzen rede mein geleite –
Nun hätt ich sie nur abgebracht mit mühen.

Den morgen hinter sich zur tollen weite
Beflügelten sie ihre ruder gerne
Sich immer haltend nach der linken seite.

Schon sahen in der nacht wir alle sterne
Des andern pols ● die unsren so in tiefen
Dass sie nicht tauchten aus der meeresferne.

Fünfmal erhellten sich und es entschliefen
Sovielmal über uns des mondes strahlen
Seit wir zum hohen unternehmen liefen:

Als ich dann einen durch entfernung fahlen
Bergzug von einer solchen höh entdecke
Wie ich bis dahin schaute noch niemalen.

Uns kam die freude ● doch sie ward zum schrecke:
Vom neuen land her eines wirbels wehen
Zerschmetterte des fahrzeugs nächste ecke ●

Dreimal ließ ers mit allen wassern drehen ●
Das hinterschiff stand hoch ● beim vierten zug
Das vordre abwärts – so musst es geschehen –

Bis über uns das meer zusammenschlug.

HÖLLE ● XXVI. GESANG ● 76–142.

GRIFFOLINO DER GOLDMACHER

O du der mit den nägeln dich zerfetzest ●
So sprach mein führer einen an von jenen ●
Und manchmal sie wie zangen an dich setzest:

Sag uns: ist ein Lateiner unter denen
Die hier gefangen sind ● wenn dir die klauen
In ewigkeit nach diesem werk sich sehnen…

>Lateiner sind wir die in solchem grauen
Zu zwein du siehst ● versezt der eine weinend ●
Doch du wer bist du der nach uns kommt schauen?<

Der führer sprach: Der bin ich der sich einend
Mit diesem sterblichen von Schlund zu Schlunde
Absteigt ● die hölle ihm zu zeigen meinend.

Da trennten sie sich jäh aus ihrem bunde
Und jeder zitternd seine blicke spannte
Mit andren die es hörten in der runde.

Der gute meister ganz zu mir sich wandte
Und sprach: Sag ihnen was du bist gesonnen!
Und ich begann da seinen wunsch ich kannte:

Soll die erinnerung nicht ganz zerronnen
Auf erden sein an eure frühern jahre ●
Soll sie noch leben unter vielen sonnen:

Macht dass ich wer ● von wo ihr seid erfahre…
Bangt nicht ob eurer eklen und verzerrten
Bestrafung dass sich dies mir offenbare!

>Ich war Arezzos kind und durch Alberten
Von Siena wurde ich verbrannt ● doch schmerzen
Mich andre sünden die hieher mich sperrten.

Wol ist es wahr ● ich sprach zu ihm in scherzen:
Ich kann mich in die luft zum flug erheben!
Und er ließ schwach an sinn und leicht von herzen

Die kunst sich zeigen… und ich ward nur eben
Weil er durch mich kein Dädalus – an jenen
Der sohn ihn hieß ● zum feuertod gegeben.

Doch in den lezten zirkel von den zehnen
Verstieß weil ich die schwarzkunst mir erlesen
Mich Minos dem nichts durchgeht vom geschehnen.<

Ich sprach zum dichter drauf: Ist je gewesen –
So sehr sind es nicht einmal die Franzosen –
Ein eitleres geschlecht als die Sienesen?

HÖLLE ● XXIX. GESANG ● 85–123.

DER HUNGERTURM • UGOLINO

Wissen musst du: ich war Graf Ugolin •
Erzbischof Rüdiger ist der daneben •
Nun hör wie ich so nahe kam an ihn.

Wie ich durch sein heimtückisches bestreben
Indem ich mich auf ihn verließ • gefangen
Getötet ward brauch ich nicht anzugeben.

Doch wovon keine kunde du empfangen:
Nämlich wie grausam war mein lezt verhängnis
Das hör und urteil ob er sich vergangen.

Ein enger mauerschacht in dem gefängnis –
Des hungers namen hats durch mich erhalten –
Worin noch mancher schmachten muss in bängnis:

Hatte mir angezeigt durch seine spalten
Schon manchen mond … da kam ein schlimmer mahner
Im schlaf und riss mir auf der zukunft falten.

Der hier schien mir der herr zu sein und planer
Der wolf und wölflein zum gebirge hezte
Das Lucca's schau verbietet dem Pisaner

Durch hunde magre schnelle wolgewezte
Gualandi mit Sismonden und Lanfranken
Die er an seines zuges spitze sezte.

Nach kurzem laufe schienen mir zu wanken
Vater und söhne • scharfer hauer drohte –
So schien mir – und zerfezte ihre flanken. …

55

Als ich erwacht war mit dem morgenrote
Hört ich bei den mit mir gefangnen Meinen
Ein schluchzen untern schlaf und ruf nach brote.

Sehr grausam bist du fühlst du nicht schon peinen
Beim denken was im herzen mich befangen …
Und weinst du hier nicht – wobei willst du weinen?

Sie waren wach … die stunde war vergangen
Wo uns die speise kam an diesem orte
Und jeder war ob seines traums in bangen.

Vernageln hört ich unter mir die pforte
Des fürchterlichen turms und las im sinne
Der söhne ● doch enthielt mich aller worte.

Ich weinte nicht ● ich war versteinert inne ●
Sie weinten und es sprach der arme kleine
Anselm: Vater was ist? du schaust so drinne!

Doch weint ich nicht und antwort gab ich keine
Den tag durch und die nacht darauf vor ihnen
Bis es sich hellte mit dem nächsten scheine.

Und als ein karger schimmer kam geschienen
Ins schmerzliche verlies: war mir ich fände
Auf vier gesichtern meine eignen mienen.

Da biss ich mir im schmerz die beiden hände ●
Sie meinten dass ichs täte aus dem drange
Zu essen und erhoben sich behende

Sprechend: Dies ● Vater ● macht uns minder bange:
Iss du von uns: mit diesen dürftigen Stoffen
Hast du umhüllt uns – die zurückverlange!

Da hielt ich ruh… sie schwer genug betroffen!
Den und den nächsten tag ward ganz geschwiegen…
Ach harte erde ● tatst du dich nicht offen?

Nachdem der vierte tag heraufgestiegen
Fiel Gaddo hin vor meine füße ● flehend:
Mein vater ● hilf mir doch! da blieb er liegen

Und starb… und so gewiss wie vor dir stehend
Sah ich wie nacheinander drei erblassten
Am fünft- und sechsten tag. Schon nichts mehr sehend

Blieb ich dabei an jeden hinzutasten
Und rief sie noch zwei tage ● die schon toten…
Darauf vermocht mehr als der schmerz das fasten.

HÖLLE ● XXXIII. GESANG ● 13–75.

ANFANG DES FEGEFEUERS ●

DIE BEKRÄNZUNG MIT DEM SCHILF

Dass nun auf bessrer flut mit seinem steuer
Das kleine fahrzeug meines geistes streiche
Nachdem er ließ ein meer so ungeheuer!

Ich singe nun von jenem Zweiten Reiche
Wo menschensinnes reinigung geschehe
Damit er wert das paradies erreiche.

Dass nun die tote dichtung auferstehe
O heilige Musen denen ich gehöre!
Kalliope ein weilchen mit mir gehe

Mit jenem ton begleitend meine chöre
Der die armseligen Elstern schuf in tiere
Ohn jede hoffnung dass man sie erhöre!

Der sanfte glanz vom östlichen saphire
Sich durch die heitren lüfte hin verstreute
Rein bis hinauf zum obersten reviere

Und machte dass von neuem ich mich freute
Nachdem ich aus dem toten dunst entflohen
Der mir das auge und die brust bedräute.

*

>So geh denn! damit jeder russ verschwinde
Sein angesicht zu waschen und erkiese
Das glatte schilf womit er sich umwinde!

Nicht würde sich geziemen wenn er wiese
Getrübt von dünsten seiner augen flamme
Vorm ersten diener in dem paradiese.

An dieses kleinen eilands unterm damme
Wo ihm die fluten rings entgegenschwellen
Erhebt sich schilfrohr aus dem weichen schlamme.

Kein anderes gewächs dem blätter quellen
Und das zu holz wird ist dort je gediehen
Weil sichs nicht schmiegt dem ungestüm der wellen.

Ihr sollet fürder hierher nicht mehr fliehen!
Dort geht die sonne auf ● ihr sollt erproben
Auf bestem steig den berg hinaufzuziehen.<

Und er verschwand. Ich hatte mich erhoben
Und drängte mich heran mit keinem worte
An meinen herrn und sah vor ihm nach oben.

Und er begann: O sohn ● nach diesem orte!
Folg mir! wir kehren um ● auf diesem pfade
Neigt sich die ebne nach der flachen borte.

Die helle trieb den dämmer der gerade
Vor uns entfloh so dass ich in der weite
Die wellen zittern sah an dem gestade.

Wir gingen durch das einsame gebreite
Wie einer zum verlornen weg mit sorgen
Umkehrt und weiß dass er vergeblich schreite.

Als er zu einer stelle wo der morgen-
Tau mit der sonne streitet hin mich brachte
Der hier nur wenig schwindet ● kühl geborgen:

Sah ich mit seinen beiden händen sachte
Den Meister durch die nassen gräser langen…
Worauf ich ● der erriet was er gedachte ●

Entgegenhielt die tränenvollen wangen
Damit er jene farbe wieder rüste
Die in der hölle ganz und gar vergangen.

Wir kamen dann zu der verlassnen küste
In deren flut sich keiner noch verloren
Der nachher wieder umzukehren wüsste…

Er kränzte mich nach dem geheiß mit rohren.
O wunder! denn so oft er sich drum bückte
Ward die bescheidne pflanze neu geboren

Im augenblicke dort wo er sie pflückte.

FEGEFEUER ● I. GESANG ● 1–18 und 94–136.

CASELLA

Der sonne pfeile allerseiten flogen.
Sie hatten schon mit ihrer heißen traufe
Den Steinbock fortgejagt vom mittagsbogen:

Da hob vor uns das haupt der neue haufe
Und redete uns an: Wenn ihrs verstehet
So lehrt uns wie man auf zum berge laufe.

Drauf gab Vergil zur antwort: Vielleicht sehet
Ihr uns als kundige an in diesem teile –
Wir stehn als fremdlinge wie ihr hier stehet.

Wir kamen vor euch an nur eine weile.
Wir sahn ein spiel nur in dem hier gestreckten
So war der frühere pfad von wilder steile.

Als nun die seelen ● näher uns ● entdeckten
An meinem hauch dass ich noch lebend wäre
Da bebten und erbleichten die geschreckten.

Wie zu dem boten mit der neuen märe
Die menschen stürzen und sein wort erwarten
Und keiner um sich schaut wen er gefähre:

So drängten diese sich heran und starrten
Mir in das angesicht nicht mehr bedenkend
Dass noch der läutrung werke auf sie harrten.

Und eine sah ich mir entgegenlenkend
Dass sie mit großem eifer mich umarme
Das ähnliche verlangen in mich senkend.

O nur der anblick war dem leeren schwarme!
Dreimal umschlang ich sie am gleichen flecke
Und dreimal kehrten mir zur brust die arme.

Ich glaube ich entfärbte mich vom schrecke.
Sie aber lächelte im rückwärts-schweben
Und ich ihr folgend ging dieselbe strecke.

Sie wehrte darauf sachte: Lass dies streben!
Da kannt ich wer er war und bat: Verbleibe
Um eine weile antwort mir zu geben!

Und die gestalt: Wie ich im irdischen leibe
Dich liebte werd ich auch gelöst dich lieben –
Ich warte gern ● doch künde was Dich treibe!

O mein Casella! ich muss noch verschieben
Die lezte reise bis zu spätern tagen.
Doch was hielt dich so lang von hier vertrieben?

Und er: Ich habe nur mein recht ertragen
Wenn Jener der hier nach belieben schlichtet
Die überfahrt mir mehrmals abgeschlagen.

Doch da er nur nach höherem wunsche richtet
Darf grade seit drei monden jeder kommen
Zu seinem nachen ohne dass er sichtet.

So ward ich der ich lang am strand geschwommen
Wo sich der Tiber gießt mit salz durchdrungen
Von jenem engel gültig aufgenommen.

Der hat nun dorthin sich zurückgeschwungen ●
Denn alles sammelt sich an dieser rille
Was nicht vom höllenflusse wird verschlungen.

Ich sagte ihm: Wenn nicht ein neuer wille
Dir nimmt des liebessanges brauch und wissen
Der einst mein sehnen hob in heilige stille:

So spende dieses trostes einen bissen
Der seele die mit ihrem leibe dringet
Hierher so voll von großen kümmernissen.

›O Liebe die zu meinem geiste singet‹
Begann er darauf in so süßem tone
Dass noch die süßigkeit im ohr mir klinget.

Mein Meister ich und was in dieser zone
Von geistern schwebte horchten mit entzücken
Als ob kein andrer wunsch mehr in uns wohne.

FEGEFEUER ● *II. GESANG* ● *55–117.*

MANFRED

Und einer ihrer sprach: Der du hier nahest ●
Wer du auch seiest – forsche durch genaue
Erinnrung ob du diesseits je mich sahest!

Ich zu ihm tretend dass ich fest ihn schaue
Sah: er war blond und schön ● von edlem schnitte …
Nur spellte ihm ein hieb die eine braue.

Als zaghaft ich verneint dass unsre tritte
Sich je begegnet ● fuhr er fort zu reden
Nach einer wunde weisend auf der mitte

Der brust und lächelnd: Sieh! kennst du Manfreden
Das enkelkind der kaiserin Konstanze?
Ich bitte dich kehrst du aus diesem eden:

Such meine schöne tochter die dem glanze
Siziliens und Aragons gab leben
Und sag wenn einer andres sagt dies ganze:

Nachdem ich durch den körper fühlte beben
Zwiefachen todesstreich ● hab ich mit bangen
Mich dem der gerne uns verzeiht ergeben.

Furchtbare sünden habe ich begangen
Doch sind der unbegrenzten Güte arme
So groß dass sie was zu ihr flieht erlangen.

Cosenza's hirte den mit seinem schwarme
Der papst mir nachgesandt – hätt er dies eine
Aus Gott gelesen wie er sich erbarme ●

So lägen ferner noch mir die gebeine
Bei Benevent am übergang der brücke
Und unter der bewachung wuchtiger steine.

Jezt treibt sie regenschutt und windes tücke
Zum Reich hinaus – zum fluss wohin er wollte
Dass mit verlöschten lichtern man sie rücke.

Doch gilt ihr bannstrahl nicht so viel dass grollte
Und nimmer wiederkäme ewige Liebe
Sofern ein keim von hoffnung grünen sollte.

FEGEFEUER • III. GESANG • 103–135.

DER DICHTER SORDELL •

WEHRUF ÜBER ITALIEN

Wir kamen hin ... O seele des Lombarden •
Wie sie abweisend war • von stolzem mute
Und welche blicke sparsam ernst uns warden!

Sie ließ vorbei uns ziehen und geruhte
Kein wort zu sprechen und die augen drehten
Sich nur als wären sie vom leu der ruhte.

Zeig uns wo wir am besten aufwärts treten!
So bat Vergil sie • sich zu ihr bewegend •
Doch sie entsprach nicht dem was er erbeten

Und frug nach unsrem stand und unsrer gegend ...
Als kaum der süße führer angefangen:
Mantua ... kam der schatten überlegend

Von seinem platz aus auf ihn zugegangen
Und sprach: O Mantuaner • sieh Sordellen
Von deinem land! ... worauf sie sich umschlangen.

O Magd Italia! auf wilden wellen
Schiff ohne Steuer • heimat der unheile •
Nicht herrin von provinzen • nein bordellen!

Wie jene edle seele war in eile
Allein bei ihres landes süßem tone
Dass sie dem bürger freundlich wort erteile!

Und jezt sind die dort leben niemals ohne
Entzweiungen und dieser hackt auf jenen
Mit dem er innert wall und graben wohne.

Elende ● such in deiner täler lehnen
Und schau umher durch deine meeressäume ●
Ob irgend orte sich in frieden dehnen!

Was hilft es dir dass Justinian die zäume
Gerichtet – ist der sattel keines eigen
Der sorgt dass er die schande von dir räume?

Ach volk du müsstest dich gehorsam zeigen –
Wenn Gottes rede dringt zu deinen ohren –
Und Caesar lassen in den sattel steigen.

Sieh dieses tier hat jede zucht verloren
Das du am strang wol festhältst ● doch vergessest
Dass es gezähmt muss werden mit den sporen.

O deutscher Adelbert ● der du verlässest
Sie die unbändig ist und ohne lenke
Und dürftig dass du ihr die flanken pressest!

Gerechter wahrspruch von den sternen senke
Sich auf dein blut – ein offner unerhörter –
Damit dein folger dran mit schrecken denke!

FEGEFEUER ● VI. Gesanf ● 61–102.

SODELL ● DAS TAL DER BLUMEN

Nachdem die ehrbar freudigen grüße kamen
Zum zweit- und dritten male ● trat der schatten
Zurück und sagte: Nennt mir euren namen!

>Eh noch die würdigen seelen hoffnung hatten
Auf diesen berg zu ziehn nach ihrem glücke
Ließ Oktavianus mein gebein bestatten.

Ich bin Vergil ● nur durch die eine tücke
Verdammt dass ich den Glauben nicht gesehen<
So gab darauf mein führer ihm zurücke.

So wie es einem geht wenn vor ihm stehen
Plötzliche dinge die er staunend schaue ●
Er glaubt und nicht – kann es ● kanns nicht geschehen?

So schien mir Der… er senkte seine braue ●
In demut wandt er wieder sich an diesen ●
Umschlang ihn dort wo sichs der mindre traue.

O der Lateiner ruhm der du gewiesen ●
Sprach er ● was kraft in unsrer sprache wohne ●
Als ewige zier du unsres lands gepriesen!

Darf ich dir nahn aus gnade? mir zum lohne?
Sag mir ● sofern ich wert bin deiner worte ●
Entsteigst der hölle du und welcher zone?

>Durch des schmerzvollen reiches alle orte ●
Gab er zur antwort ● bin ich her gekommen ●
Aus himmels kraft komm ich – sie wies die pforte.

Durch tun nicht ● durch nicht-tun ward mir genommen
Das hohe licht zu sehn das dir soll scheinen
Von dem die kunde ich zu spät bekommen.

Ein platz ist drunten ● traurig nicht durch peinen
Nur durch das bloße dunkel ● wo die klage
Nur wie ein seufzen tönt nicht wie ein weinen.

Ich bin dort in unschuldiger kinder lage:
Sie von dem menschenfehle noch nicht freie
Da tod zu früh sie traf mit seinem schlage.

Ich bin bei denen die versäumt die weihe
Der drei erz-tugenden ● doch ohne sünde
Die andern sahn und übten nach der reihe…

Wenn du es aber weißt und kannst ● so künde
Wo bald den weg wir finden der uns weite
Des Fegefeuers eigentliche schlünde.<

Nicht feste stelle ist die mir bereite ●
Sprach er ● ich mag hinauf und seitlich schwenken…
Soweit ich kann ● biet ich mich zum geleite.

Doch siehst du dort den tag bereits sich senken ●
Bei nacht kann man nicht aufwärts gehn und gerne
Möcht ich an einen schönen rast-ort denken.

Seelen sind hier zur rechten ● etwas ferne…
Verlangst du dass ich sie dir zeigen möge?
Es war ein glück dass man sie kennen lerne.

>Wie ist dies? war die antwort ● wer nun zöge
Aufwärts bei nacht ● wird er von höherem munde
Gehemmt? ist es weil er es nicht vermöge?<

Der freund Sordell ● den finger auf dem grunde
Hinziehend sprach: Sieh über diesen streifen
Kämst du nicht weiter nach der sonne schwunde.

Nicht dass ein andres ding beim fürderschweifen
Als nur das nächtige dunkel dich beschwere…
Und das nicht-können lässt den wunsch ersteifen.

Wol ging' es an dass man zurück dann kehre
Und wandernd ringsum an dem abhang taste
Solang der horizont den tag verwehre.

Da sprach mein Herr den beinah staunen fasste:
So führ uns hin denn ● wo nach deinen worten
Es möglich ist dass man erfreulich raste…

Wir hatten kurz uns nur entfernt von dorten
Als ich vor mir den berg sah offenstehen
So wie sich täler öffnen allerorten.

Dorthin ● so sprach der schatten ● lasst uns gehen
Wo sich die höhe senkt zu einem schachte
Und da dem neuen tag entgegensehen!…

Zuweilen steil zuweilen eben brachte
Gekrümmter pfad zum rande einer weide
Dort wo der saum sich mehr als halb verflachte.

Gediegnes gold und silber ● scharlach ● kreide ●
Indigoholz mit leuchtend heitrem scheine ●
Frischer smaragd wenn man ihn eben schneide:

Vor blumen und vor kraut an diesem raine
Wär alles dieses ein der farbe bares
Wie bar erscheint vorm größeren das kleine.

Jedoch nicht einzig ein gemälde war es:
Hier schuf aus süßigkeit von tausend düften
Natur ein unbekanntes ● unsagbares.

FEGEFEUER ● VII. GESANG ● 1–81.

ANFANG DES DES VIII. GESANGES ●

DIE BEIDEN ENGEL

Die stunde wars wo denen auf den schiffen
Die sehnsucht kommt und sich ihr herz erweichet
Die heut der freunde hand zum abschied griffen ●

Die stunde wo der neue pilger schleichet
Voll liebe beim geläut der fernen glocken
Die weinen zu dem tage der erbleichet:

Da ließ ich das gehör auf einmal stocken
Damit mein auge eine seele fände
Die vortrat. ›Horchet‹ schien ihr wink zu locken.

Sie faltete und hob die beiden hände
Die augen hielt dem osten sie entgegen ●
Als sagte sie dass nichts als Gott sie bände.

›Te lucis ante‹ kam mit solchem segen
Ihr aus dem munde und so süß und leise
Dass fast mein geist versagte sich zu regen.

Ihr folgten in so süßer frommer weise
Mit diesem frommen lobgesang die scharen
Die augen richtend auf die hehren kreise.

Hier ● Leser ● schärfe deinen blick zum wahren!
Denn nun bekommt der schleier solche feine
Dass sicher leicht wird sein ihn zu durchfahren.

Ich sah wie jene adlige gemeine
Drauf schweigend schaute nach dem obern sitze
Als ob sie wartete in angst und kleine.

Ich sah dann mit zwei schwertern hell wie blitze
Zwei engel von der höh hinunterschießen ●
Doch war die waffe stumpf und ohne spitze.

Grün wie die blättchen die gerad entsprießen
War ihr gewand das sie von grüner schwinge
Durchbrochen in der luft nachflattern ließen.

Es schien dass der zu haupt uns niederdringe
Und der zum rande gegenüber fahre
Und zwischen ihnen stand das volk im ringe …

Wol unterschied ich ihre blonden haare
Doch für ihr antlitz ward mein auge trübe
Da kraft nicht reicht für das zu wunderbare.

FEGEFEUER ● VIII. GESANG ● 1–36.

MORGENTRAUM

Es war die stunde wo ihr lied der klage
Die schwalbe sendet nach dem morgenlichte
Wol zum gedächtnis ihrer ersten plage ●

Wo unser geist befreiter vom gewichte
Des fleisches schweift und minder ist umgeben
Von denken ● göttlich fast durch die gesichte.

Da sah im traum ich einen adler schweben
Am himmel hin mit goldenem gefieder
Die schwingen weit als flög er abwärts eben.

Mir schien er sähe auf die lande nieder
Wo einst die seinen ließ der schöne Schenke
Geraubt zum dienst der höchsten rates-glieder.

Ich fragte mich ob dieser vogel schwenke
Nur hier nach seinem brauch und andre stelle
Verschmähe wo er seine krallen senke.

Dann schien mir dass er kurz im kreise schnelle
Und schrecklich wie ein blitz die lüfte spleiße
Und aufwärts mich entführe in die helle ●

Dass er und ich in Einem brande gleiße…
Und also sengte eingebildet feuer
Dass es bewirkte dass der schlaf zerreiße.

FEGEFEUER ● IX. GESANG ● 13–33.

74

DER KAISER TRAJAN

Geschildert fand ich dort die hohe stärke
Des Römer-fürsten dessen große plane
Gregor bewogen zu dem großen werke.

Ich rede hier vom kaiser ● vom Trajane …
Und eine witwe griff in seine zäume
Eine von leid und trauer angetane.

Es schien mir dass den platz um ihn umsäume
Ein tross von reitern und die goldnen aare
Zu häupten ihm durchflatterten die räume.

Es schien dass im getrieb das sie umschare
Die ärmste spräche: Herr ● verschaffe räche
Der traurigen! mein sohn liegt auf der bahre.

Er gab zur antwort: Wart mit deiner sache
Bis ich zurück bin. Herr ● sprach sie ● wie eine
Die großer kummer ungeduldig mache:

Und wenn du nicht rückkehrst? … So tut das meine ●
Sprach er ● der nach mir kommt. Und sie: Nicht pflege
Der Andern wohltun ● denkst du nicht ans Deine.

Und er: Getrost! bevor ich mich bewege
Ziemt sich dass ich das schuldige werk vollbringe …
Das recht verlangts und mitleid hält mich rege …

Der Eine der nie schaute neue dinge
Bewirkte sichtbar diese Unterhaltung
Uns neu ● weil sie hier unten nie gelinge.

FEGEFEUER ● X. GESANG ● 73–96.

EITELKEIT DES RUHMES

Ich hörte zu ● tief neigend mein gesichte ●
Und einer – nicht der vorher wort gegeben –
Krümmte sich unterm hindernden gewichte.

Er sah mich ● rief mich ● kannte mich soeben.
Mit seinen augen voller mühe wies er
Auf mich der ganz sich duckend ging daneben.

O ● sprach ich ● bist du nicht der Oderiser
Die ehre Gubbios ● ehre jener ziere:
Illuminieren nennens die Pariser?

Bruder ● sprach er ● mehr leuchten die papiere
Von Franco ausgemalt dem Bolognesen ●
Der meinen ruhm ist halb und voll der ihre.

So gnädig war ich wahrlich nicht gewesen
Da ich noch lebte ● voll von hohem mute
Nach jenem vorrang den mein herz erlesen.

Für solchen dünkel zahlt man hier tribute.
Mir müsste noch ein tiefrer abgrund klaffen
Doch sucht ich Gott als wahl noch war fürs gute.

O eitle ruhmsucht in der menschen schaffen!
Wie kurz nur bleibt das grüne auf den spitzen
Auch wenn es stürmische Zeiten nicht entraffen.

Einst glaubte Cimabue zu besitzen
Das feld als maler ● und nun ist im schwange
Giotto ● und jener bleibt im dunkel sitzen.

Ein Guido nahm dem anderen im fange
Den sieg des worts ● und vielleicht wächst der samen
Schon dess der beide jage von der stange.

Der welt gerüchte gingen stets und kamen
Wie windes wehn bald hier- bald dorther blasend ●
Die richtung wechselnd wechseln sie den namen.

FEGEFEUER ● XI. GESANG ● 73–102.

GESICHTE DER SANFTMUT

Da fühlte ich dass ich von einem scheine
Der plötzlichen Verzückung sei durchfahren
Und sah ein gotteshaus mit der gemeine.

Und eine frau mit zärtlichem gebaren
Der mutter kam so redend hergegangen:
>Mein sohn! was bist du so mit uns verfahren?

Ich und dein vater haben voller bangen
Nach dir gesucht.< hier endete die stimme
Und was vorher sich zeigte war verhangen.

Drauf eine kam als ob ihr antlitz schwimme
In wasser das der schmerz entpresst der pforte
Wenn einer wird erfasst von großem grimme.

Sie sprach: Hast du die macht an diesem orte
Dess nam' entfacht bei göttern groß gefechte
Und der für alle Weisheit fand die worte:

So strafe Jenes hand der sich erfrechte ●
Der unsre tochter küsste ● Pisistrate! –
Doch schien mir dass der fürst der mild-gerechte

Gelassen antwort gab in klugem rate:
Was täten wir mit dem uns bös-gemuten
Wenn wir den büßten der sich liebend nahte! …

Ich sah dann ganz entbrannt in zornesgluten
Ein volk auf einen jüngling steine zücken
Mit lautem rufe: Bluten muss er ● bluten!

Ich sah ihn vor dem tode schon sich bücken
Der auf ihm lastete ● bis auf die erde…
Doch schlug sein auge stets zum himmel brücken.

Er bat den Herrn in furchtbarer beschwerde
Er möge seinen peinigern verzeihen
Mit einem angesicht dem mitleid werde.

FEGEFEUER ● *XV. Gsang* ● *85-114.*

DER FRIEDENSENGEL

So wie der schlummer wenn mit jähem rucke
Ein licht erschüttert die geschlossnen lider ●
Bevor er ganz erstirbt gebrochen zucke:

So fuhr auch ich aus meinem sinnen wieder
Als wir uns einem starken glanze nahten …
Nie scheint ein gleicher auf die erde nieder.

Ich drehte mich und sah wohin wir traten
Als eine stimme zu mir drang: Hier steige!
Sie ließ mich jedes andren plans entraten.

Und meinem wunsche gab sie solche neige
Zu schauen was sich redend zu mir wende
Dass er nicht ruhte bis es sich ihm zeige.

Wie uns die sonne ● unsrer augen blende ●
Durch überhelle deckt ihr angesichte:
So hier – ich war mit meiner kraft zu ende.

>Dies ist ein geist des himmels der die richte
Nach oben gibt ● und bitten lässt er keinen.
Er ist verhüllt von seinem eignen lichte.

Er meint es wie wir mit uns selbst es meinen:
Wer not erblickend bitten erst begehre
Der lege sich böswillig aufs verneinen.

Auf! lenken wir den fuß nach seiner lehre
Und klimmen wir hinan bevor es nachte ●
Dann gehts nicht weiter eh der tag nicht kehre.<

So sprach zu mir mein führer und er brachte
Mich vor die treppe zu den höheren hügeln.
Als ich den ersten schritt nach oben machte

Da fühlt ich um mich wie geräusch von flügeln
Die mir ums antlitz wehten lispelnd: Selig
Die friedlichen die böses zürnen zügeln.

FEGEFEUER ● *XVII. GESANG* ● *40-69.*

BEISPIELE DER TRÄGHEIT ●

DANTES SCHLAF

Ob er geschwiegen ob er fortgefahren
Ich weiß es nicht ● so war er schon verflüchtigt…
Doch dieses hört ich und ich wills bewahren.

Und er der mich zu jedem werke tüchtigt
Sprach: Dreh dich dorthin um und sieh wie herbe
Das paar das jezt erscheint die trägheit züchtigt.

Sie riefen hinter allen her: Erst sterbe
Das volk vor dem die flut einhielt im laufe
Bevor den Jordan schauen darf der erbe!

Und: Dies war bei Anchises' sohn der haufe
Der vor dem end der fahrten kam ins wanken
Damit er leben ohne ruhm sich kaufe!…

Als darauf jene schatten uns entsanken
So weit dass sie vor unsrem aug zerfloßen
Ward ich bewegt von weiterem gedanken

Aus dem sich andre vielfache ergoßen
Und einer gab so schnell dem andern raum
Dass in der wirre sich die augen schlossen

Und den gedanken wandelt ich zum traum.

FEGEFEUER ● XVIII. GESANG ● 127-145.

STATIUS

Der eingeborne durst der sich entlade
Im wasser nur das einst die Samariter
Frau sich von Unserm Herrn erbat als gnade

Bedrängte meinen geist und ihm war bitter
Vergil zu folgen auf gehemmter schwelle
Und unter den gerechten bußen litt er.

Und sieh! wie Lukas schreibt an jener stelle
Als Christ erschien den zweien auf dem wege
Entstiegen grade seiner grabeszelle:

So wurde hinter uns ein schatten rege.
Er blickte abwärts auf die schwärme nieden ●
Wir sahn erst dass er sich zu uns bewege

Als er dies sprach: Brüder ● Gott geb euch frieden!
Wir wandten plötzlich uns und von dem meister
Ward ihm der wink der dazu ziemt beschieden

Und so gesagt: Im seligen reich der geister
Werd euch der friede vom wahrhaftigen Horte!
Mich ewig ausgestoßenen verweist er.

Wie! rief der und ging weiter bei dem worte ●
Ihr wäret schatten die Gott nicht erreichen?
Wer wies euch seine bahn zu diesem orte?

Der führer sprach: Betrachte diese zeichen!
Du wirst dann sehn ● es kommt ins reich der gnaden
Wer die am haupt trägt von des engels streichen.

Doch sie die tag und nächte spinnt am faden ●
Da sie nicht allen hanf vom rocken spannte
Den Klotho ihm wie jedem aufgeladen:

Ist seine seele dir und mir verwandte
Im aufwärtsschreiten nicht allein gekommen
Weil sie nicht unsre art des sehens kannte.

Drum ward ich aus der hölle schlund entnommen
Ihn kundzumachen und noch mehr der kunde
Geb ich soweit ihm meine lehren frommen.

Doch sag wenn du es weißt warum zur stunde
Der berg gebebt ● und all einhellig offen
Aufschrieen bis zu seinem weichen grunde?

Mit dieser frage hat er so getroffen
Auch mein verlangen dass ich lindrung leihe
Für meinen durst schon aus dem bloßen hoffen.

Jener begann: Kein ding das aus der reihe
Und das entgegen sei den anordnungen
Gibt es zu sehn auf dieses berges weihe.

Frei ist er hier von allen änderungen.
Nur was aus ihm zu sich empfängt die gnade
Dadurch ● durch andres nicht sind sie bedungen.

Drum ist kein tau kein reif der ihn belade
Kein hagel und kein schnee und regenschauer
Als bis zur kurzen leiter der drei grade.

Und wolken nicht von eile oder dauer
Und nichts von blitz ● nichts von dem Thaumas-kinde
Dess stand auf erden ist ein ungenauer.

Und wie ich sagte dringen keine winde
Als bis zu den drei graden auf nach oben
Wo sich der platz für Petri diener finde.

Wohl wird er unten stark und leicht geschoben ● ●
Jedoch durch wind der sich im innren hehle –
Ich weiß nicht wie – erzittert er nie oben.

Er zittert hier wenn eine reine seele
Fühlt dass sie steige oder wenn sie strebet
Zur höhe ● dann dringt schrei aus jeder kehle.

Das wollen schon sagt dass sie rein entschwebet ●
Das voll von freiheit zu erneutem gange
Die seele fasst ● und dieses wollen hebet.

Erst will es recht – doch ist gehemmt vom drange
Den der gerechte Gott ● dem wunsch entgegen ●
Beim büßen sezt wie einst beim sündenhange.

Darum hab ich in dieser qual gelegen
Fünfhundert jahr und mehr und eben spürte
Ich freien willen erst nach höhern wegen.

Drum merktest du wie sich die erde rührte
Und auf dem berg der frommen schar choräle
Zum Herrn gewandt dass er bald auf sie führte.

Er sprachs – und wie je mehr der durst uns quäle
Wir mehr empfinden eines trankes letze
So gab er mut mir mehr als ichs erzähle.

Worauf der meister: Nun seh ich die netze
Wie man sich darin fange – wie entfahre –
Wodurch ihr hier erbebt – was euch ergetze.

Erlaub nun dass ich wer du warst erfahre –
Und warum du jahrhundertlanger weile
Hier lagst mir deine rede offenbare! …

Zur zeit des guten Titus der im heile
Des höchsten Herrn nahm rache für die sehre
Draus sich das blut ergoß – das Judas feile –

Des namens meist an dauer meist an ehre –
Erwiderte der geist – lebt ich nicht ohne
Berühmtheit – doch unkundig noch der Lehre.

Mein singen war von solchem süßen tone
Dass vom Toloser drang nach Rom die kunde
Wo ich geschmückt ward mit der myrtenkrone.

Des Statius name lebt in aller munde …
Achill besang ich nach dem sang auf Theben
Doch mit der zweiten last stürzt ich zum grunde.

Die nahrung für mein feuer hat gegeben
Das lohen jener gottesvollen flamme
Woran sich viele tausende beleben –

Die Aeneide mein ich meine amme
Und pflegerin im dichten – ohne jene
Wögt ihr mein wirken auf mit einem gramme.

Und um gelebt zu haben im jahrzehne
Vergils gestand ich zu dass einen vollen
Umlauf mehr als er muss mein bann sich dehne!

Als diese worte vor Vergil erschollen
Besagte schweigend seine miene: Schweige!
Doch nicht kann alles unsre kraft zu wollen ●

Da der erregung woraus jedes steige
Lachen und weinen folgt mit solcher flinke
Dass es beim wahrsten mann nur mehr sich zeige.

Ich lächelte nur so als ob ich zwinke…
Der schatten schwieg und forschte ● da aus diesen
Sich viel errät ● in meiner augen winke.

Sag an! willst du je hier aus den verliesen
Zum ziel – sprach er – was hat dein antlitz eben
Den blitz von einem lächeln mir gewiesen?

Ich halte mich nun zwischen zwein im schweben.
Der schweigt mich ● und der will bescheid empfangen.
Ich seufze drauf ● und mir wird recht gegeben

Von meinem führer: Sei nur ohne bangen ●
Sprach er zu mir ● und melde dem erkunder
Was er dich fragt mit heftigem verlangen.

Worauf ich sprach: Vielleicht nimmt es dich wunder
O geist des altertums dass ich dein spotte –
Doch größres staunen fasse dich jetzunder:

Der mich hinaufführt aus der untern grotte
Ist eben der Vergil durch den du wagtest
Zu singen deinen sang von mensch und gotte.

Als du nach meines lächelns grunde fragtest:
Kein andrer war der richtige – vermeine:
Es waren jene worte die du sagtest.

Er bog die kniee um des Meisters seine
Zu fassen ● doch der sprach zu ihm: Halt inne
O bruder! du bist schein vor einem scheine.

Und der erhob sich: Miss von meiner minne
Daran die ganze glut die mich entfache
Dass ich mich unsrer leerheit nicht entsinne

Mit schatten tue wie mit fester sache.

FEGEFEUER • XXI. GESANG.

BONAGIUNTA VON LUCCA

Wie einer schaut und dies von größerem werte
Als jenes hält: tat ich mit dem von Lucca
Der (schien es) kunde sehr von mir begehrte

Er murmelte ein etwas wie Gentucca ...

– – – – – – – – – – – –

Du seele ● sprach ich ● scheinest wunsch zu haben
Mit mir zu reden ● mach dass ichs empfinde
Und beide wir an unsrem wort uns laben! ...

Geboren ist ein weib das noch die binde
Nicht trägt ums haupt ● ob ihrer wirst du preisen
Einst meine stadt so schlecht man sie auch finde –

Begann er – mit dem vorblick wirst du reisen ...
Wenn durch mein murmeln dir noch zweifel blieben:
Die wahren dinge werdens klar erweisen.

Doch sprich! seh ich ihn vor mir der geschrieben
In neuen reimen mit der anfangszeile:
›O frauen die ihr euch versteht auf lieben‹ ... ?

Und ich: Ein solcher bin ich dass ● derweile
Die liebe haucht ● ich klinge und dermaßen
Wie sie im innern vorspricht wort erteile.

Izt bruder ● sagt' er ● seh ich welche Straßen
Notajo und Guitton und mich verführten –
Wir nicht im neuen süßen stil uns massen.

Wohl seh ich dass sich eure federn rührten
Genauen ganges nach des sprechers sinne
Wovon die unsern wahrlich nichts verspürten.

Wer mehr versucht damit er lob gewinne
Kann nicht mehr diesen stil von jenem scheiden …
Befriedigt hielt er so im reden inne.

FEGEFEUER ● *XXIV. GESANG* ● *34–63.*

DIE SÄNGER GUIDO UND ARNAUT

Als er sich selber nannte dessen söhne
Ich und manch bessrer wurde der gebrauchte
Die süßen und gefälligen liebes-töne:

Da ging ich sinnend ● hörte nicht noch hauchte
Und sah nur ihn mit unverwandten brauen.
Nicht konnt ich nahen da ihn brand umrauchte.

Als ich gesättigt war ihn zu beschauen ●
Versprach ich was er wünsche ihm zu reichen
Mit der versichrung der wir ganz vertrauen.

Und er: Du lassest in mir solche zeichen
Da ich dich höre – von so reinem feuer
Dass sie kein tod verdunkeln kann und streichen.

Doch bist mit deinem schwur du ein getreuer
So sag was ist dein grund mir zu beweisen
Mit deinem blick und wort dass ich dir teuer?

Und ich zu ihm dann: Deine süßen weisen
Die für des Neuen Tones ganze dauer
Die menschen noch in deinen schriften preisen.

O bruder ● sprach er ● den ich dir genauer
Bezeichne (und sein finger gab die lage)
War seiner sprache trefflichster bebauer.

In liebeslied und ritterlicher sage
Besiegt er alle. Lass die toren schwören
Dass ihn der Limosiner überrage!

Die wahrheit nicht • geschrei nur kann sie stören.
Sie festen ihre meinung und sie sollten
Zuvor auf kunst und überlegung hören.

So hat Guitton den früheren gegolten.
Er hatte alle mund an mund zu lobern
Bis spätre wahre richter ihn gescholten …

Doch konntest du das Vorrecht dir erobern
In jene ordenskirche einzutreten
Wo die gemeinde Christum hat zum Obern:

So magst du mir ein vaterunser beten •
Des weitren braucht es nicht für unsre runde
Wo keine sünde mehr bedroht die Steten. –

Vielleicht um dann dem zweiten von dem bunde
Den raum zu lassen • schwand er durch die helle
Wie fische durch das wasser fliehn zum grunde.

Damit sich der gezeigte mir geselle
Begann ich: Lass mich deinen namen tragen
In meinem sinn an liebevoller stelle!

Und er begann freigebig dann zu sagen:
Zoozeer verheugt my 't hoflyke in Uw vraag
Dat weigrend ik noch wil noch kan U plagen •

Ik ben Arnaut die ween en zingend klaag.
Ik die aldoor verleden waan betracht
En vreugdvol hoop dat straks myn morgen daag'

Doch U bezweer ik door die zelve macht
Die tot den hoogsten trede U stygen doet:
Gedenk te rechter uur my en myn klacht! –

Dann barg er sich in reinigender glut.

FEGEFEUER • XXVI. GESANG • 97–148.

ABSCHIED VERGILS

Die stunde glaub ich war es wo gen morgen
Den berg zuerst der Venus strahlen krönen
Die immer brennend scheint von liebessorgen.

Mir war ich stünd im traum vor einer schönen
Und jungen frau die durch die fluren ginge
Und blumen pflückte unter diesen tönen:

Es wisse jeder wie mein name klinge ●
Dass ich die Lea bin und kreisend schlage
Die schönen hände und mir kränze schlinge.

Ich schmücke mich eh ich den spiegel frage ●
Doch schwester Rahel mag nur in sich saugen
Die eigne zier und sizt so alle tage.

Sie ist entzückt von ihren schönen augen ●
Ich bin es von dem schmucke meiner hände.
Wie ihr die schau so will das werk mir taugen. –

Schon waren durch der frühen dämmrung bründe
So jene wanderer am meisten loben
Die nächten nah dem heimischen gelände

Die finsternisse ringsumher verstoben
Und auch mein schlaf mit ihnen … und beim steigen
Sah ich die beiden meister schon erhoben.

>Die süße frucht die zwischen allen zweigen
Der mensch mit eifer zu erringen trachte:
Heut wird sie alle deine Sehnsucht schweigen.<

Mit einem solchen großen wort bedachte
Vergil mich dass noch niemals irdische zunge
Mir ein entzücken diesem ähnlich brachte.

Zur höhe zu gelangen trieb im sprunge
Der wunsch den wunsch ● so dass bei jeder biege
Ich fühlte wie mein flügel wuchs zum schwunge.

Dann sah ich unter uns die ganze stiege
Durcheilt und wie am obersten gemäuer
Der blick des Meisters mir entgegenfliege.

Er sprach: Das zeitliche und ewige feuer
Hast du geschaut o Sohn und in dem kreise
Wohin du nun gehst bin ich selbst ein neuer.

Hier zog dich her der Dichter und der Weise.
Zum führer nimm nun einzig dein verlangen ●
Denn du bist außer schlucht und steilem gleise.

Die sonne sieh! sie strahlt auf deinen wangen.
Das land gedeiht hier ohne vorbereiter ●
Sieh! blumen gras und bäume fruchtbehangen!

Hier triffst du bald die schönen augen heiter
Die weinend mich entsandten beim beginne.
Ruh hier solange oder wandle weiter!

Nicht wirst du wort und wink von mir mehr inne.
Dein geist ist fest und heil und frei von frone.
Nun wäre fehl zu folgen andrem sinne!

Hier krön ich dich mit mitra und mit krone!

FEGEFEUER ● XXVII. GESANG ● 94–142.

DAS IRDISCHE PARADIES

Da rings zu wandern mich der wunsch erfüllte
Im dichten und lebendigen gottesgarten
Der für den blick die neue sonne hüllte:

Ließ ich die grenze ohne mehr zu warten
Und schlug mich langsam langsam ins gefilde
Hin über pfade die von düften starrten.

Ein zephir ohne sich zu ändern milde
Umstrich mit einem zuge mir die wange
Nicht stärker als wenn sanfter hauch ihn bilde.

Worauf die blätter bebend beim empfange
Nach jener seite allesamt sich bogen
Wo erster schatten fällt vom heiligen hange.

Doch wurden sie nicht so vom ast gezogen
Dass nicht die kleinen vögel immer wieder
In wipfeln alle ihre künste pflogen.

Sie dehnten voller freude ihr gefieder
Im ersten winde ● singend im gezweige
Das wie ein bass begleitete die lieder.

So wie von stamm zu stamm ein raunen steige
Im pinienhaine bei Ravennas küste
Wenn losgebunden sich der südwind zeige …

Den langsam schweifenden trug sein gelüste
Bis ihn der heilige wald so tief umschlossen
Dass keinen rückweg er zu finden wüsste.

Da kam auf seinem weg ein bach geflossen
Der nach der linken mit den kleinen wellen
Die gräser bog die an dem ufer sprossen.

Der erde wasser – auch die noch so hellen –
Enthalten doch ein trübendes gespüle
Entgegen diesen die am reinsten quellen ●

Obwohl sie immer ziehn in dunkler kühle
Und schatten immerwährend sie umsäume
Der nie den strahl von mond und sonne fühle.

Ich hielt den fuß und lenkte auf die räume
Jenseit der flut die blicke um zu sehen
Die bunte fülle frischer blüten-bäume:

Und dort erschien wie dinge die geschehen
In einem nu und mit des staunens zwange
Von jedem andren trachten abzustehen:

Ganz einsam eine frau die im gesange
Dort ging und blume neben blume pflückte
Vom farbenflor auf ihrem ganzen gange.

>Ach schöne Frau ● vom liebesstrahl berückte!
Sofern ich es dem aussehn recht entnehme
Darin ja stets das herz sein zeichen drückte ●

Sagt ich zu ihr ● ich bitte dich: bequeme
Dich herzukommen zu des flusses rande
So dass ich deines sanges sinn vernehme.

Du riefst vor meinen geist nach ort und stande
Proserpina ● am tage der gestohlen
Der mutter sie – und ihr die frühlingslande.<

So wie sich wendet ● nah am grund die sohlen
Und nah beisammen ● eine frau im tanze
Wo sich die füsse sacht nur überholen:

So kehrte sie im rot- und gelben glanze
Der blumen zu mir… einer maid gebaren
Die ehrbar senkt die blicke glich das ganze.

Und meinen bitten wollte sie willfahren…
Sie nahte sich ● so dass die süßen laute
Mit ihrem inhalt mir verständlich waren.

Sie kaum dort angekommen ● wo dem kraute
Zum bade winkt des schönen flusses welle
Beschenkte mich indem sie aufwärts schaute.

Nicht glaub ich dass erstrahlt von solcher helle
Der Venus auge als mit seinem brande
Der Sohn sie traf an eines andren stelle.

Sie lächelte ● am rechten uferrande
Entpflückend mit den händen blüt an blüte
Die samenlos gedeihn im hehren lande.

Drei schritte trennte uns der fluss… doch mühte
Der Hellespont den Xerxes ließ durchwandern –
Noch heut ein zaum vermessenem gemüte –

Mit mindrer widerwärtigkeit Leandern
Der strömung wegen zwischen den gestaden:
Als mich ● da mich ein ufer schied vom andern.

FEGEFEUER ● XXVIII. GESANG ● 1–75.

ERSCHEINUNG DER SIEBEN LEUCHTER

Wie eine frau in himmlischem entzünden
Fuhr sie nach diesen worten fort im sange:
Glückselige die ledig ihrer sünden!

Und wie die elfen einsam auf dem gange
Durch waldesgründe – jene gern sich breitend
Im Sonnenstrahl und diese vor ihm bange:

So ging sie nun dem fluss entgegenschreitend
Am ufer ● ich verfolgte ihre spuren
Mit kleinem ihren kleinen schritt begleitend.

Als wir vereint kaum deren hundert fuhren
Bemerkt ich wie der fluss im bogen rausche
Und ostwärts ging es jetzo durch die fluren.

Nicht lange wandelt ich nach diesem tausche
Als sie sich mir gerad entgegenwandte
Und sagte: O mein bruder steh und lausche!

Und sieh! mit einem mal ein glanz entbrannte
Den ganzen wald hindurch nach allen winden
Dass ich ● im zweifel noch ● ihn blitz benannte.

Doch da die blitze wie sie treffen schwinden
Und jener blieb zur hell und hellern leuchte
Da fragt ich sinnend: welche deutung finden?

Dann rann ein süßes tönen wie mich deuchte
Durch lichte luft – dass ich gerechte stöße
Auf das erkühnen Evas nicht mehr scheuchte.

Es folgten erd und himmel Gottes größe
Als nur ein weib und das geformt erst eben
Nicht ruhte bis das rätsel sich entblöße.

Denn wenn sie's ausgehalten fromm ergeben
So hätt ich in dem unnennbaren glücke
Schon lang gelebt und immer mögen leben …

Indem ich wandernd so die ersten schlucke
Genoss der ewigen Seligkeit ● beklommen
Und noch begierig dass mich mehr entzücke:

Da war wie feuer um uns her entglommen
Der ganze wald durch grüner zweige mitten
Und süßes tönen ward als sang vernommen.

Hochheilige Jungfraun! wenn ich je gelitten
Für euch durch hunger frost und irre-züge:
Nun hab ich grund euch um den lohn zu bitten.

Nun füllet mir am Helikon die krüge!
Nun sorget dass Uraniens chor nicht säume
Und schwer zu denkend ding im reim sich füge! …

Und etwas weiter sieben goldne bäume
Gab uns der anschein vor – denn lang erstreckten
Sich zwischen uns und ihnen noch die räume.

Und als wir nah genug die häupter reckten
So dass dasselbe vorhin falsch geschaute
Durch ferne keine züge mehr verdeckten:

Hat kraft die mit der Scheidung uns betraute
Gewiesen dass es sieben leuchter seien
Und Hosiannah des gesanges laute.

Von oben leuchteten die schönen reihen
Viel klarer als auf seinem mitten pfade
Der mond in mitternächten wolkenfreien.

Ich sah mit der verwundrung höchstem grade
Drauf zu Vergil der antwort mir erteilte
Dass ein nicht mindres staunen ihn belade.

Und wieder auf den hohen dingen weilte
Mein blick. Entgegen kamen sie uns sachtest
Dass leichtlich sie ein brautzug übereilte.

Da rief die frau mir zu: Was du nur trachtest
Mit solcher liebe nach den hellen scheitern
Dass du auf das was nachher kommt nicht achtest!

Mir schien dass hinter diesen als den leitern
Ein zug in lichten kleidern näher schwanke –
Nie wird die erde solch ein glanz erheitern.

Das wasser strahlte von der linken flanke
Und gab zurück mir meine linke seite
Wenn ich hineinsah in das spiegelblanke.

Als ich an meinem ufer bis die breite
Des flusses nur noch trennte war geschlichen
Und stille stand damit mir nichts entgleite:

Da sah ich wie die flämmchen vorwärts wichen.
Den luftraum malten sie den sie durchflogen
Und hatten ähnlichkeit mit pinselstrichen.

So zeigte er sich oberhalb durchzogen
Mit sieben streifen die allfarbig mahnen
An mondesgürtel oder sonnenbogen.

Und weiter reichten hinten diese fahnen
Als mein gesicht. Es waren irrens ohne
Zehn schritte zwischen ihren äußern bahnen.

Es nahten in der schönen himmelszone
Sich vierundzwanzig greise die zu zweien
Herschritten ● jeder mit der lilienkrone.

Sie sangen: Dass dich alle benedeien
Von Adams töchtern! dass Gebenedeite
In ewigkeiten deine hulden seien! –

Nachdem die gras- und blumenvolle breite
Mir gegenüber auf der andren matte
Von den erlauchten scharen sich befreite ●

Da kamen wie ein stern an sternes statte
Am himmel kommt dicht hinterher vier tiere ●
Sie waren all bekränzt mit grünem blatte.

Sechs flügel trug ein jedes dieser viere.
Die flügel hatten augen (Argus-gleiche
Wenn der noch einmal lebte wären ihre).

Mehr ihre form zu schildern dem weiche
Mein sang ● o leser ● aus! Mich drängt ein neuer
Auftrag dass ich zu solchem nicht mehr reiche.

Doch lies Ezechiel der sie getreuer
Beschrieben hat wie er sie aus dem kalten
Herkommen sah mit wolke wind und feuer!

Sie sind genau in seinem buch enthalten
Wie hier – nur nicht die flügel wo die sagen
(Die meine folgt Johannes nach) sich spalten.

Den raum inmitten dieser nahm ein wagen
Für sieggepränge mit dem doppelrade
Von eines greifen halse hingetragen.

Er reckte seine beiden flügel grade
Zwischen den mittlern und den äussern strichen
Und durch das überschneiden war kein schade.

Er hob sie hoch dass sie dem blick entwichen.
Die glieder waren gold wo sie dem aare
Und weiß mit rot wo sie dem löwen glichen.

Vor dieser wäre minder schöne fahre
Die Scipionen freute und Auguste ●
Ja die der sonne eine unscheinbare ●

Da die der sonne einst verbrennen musste
Als das gebet der Erde rief um gnade
Und Zeus gerecht verfuhr durchs ungewusste.

Drei frauen schlangen sich vorm rechten rade
Im tanz ● die eine mit so rotem scheine
Als tauche sie aus einem flammenbade.

Die andre schien aus einem fleisch und beine
Als wäre sie ganz aus smaragd geschaffen ●
Die dritte war von frischen schneees reine.

Bald schien die weiße beide fortzuraffen
Und bald die rote und nach ihrem laute
Der andren tritt zu drängen und zu schlaffen.

Und an der linken kreisten vier vertraute
In purpurnen gewändern nach dem sange
Der einen die mit dreien augen schaute.

Dann sah ich nach dem so gemalten schwange
Zwei greise in verschiednen trachten wallen
Doch gleich im ehrbaren gewichtigen gange.

Der eine zeigte sich von den vasallen
Des höchsten Arztes den Natur gegeben
Den wesen die ihr teuer sind vor allen.

Der andre wies ein gegensätzlich streben
Durch eine lanze eine scharfe lichte
Die mich am andern ufer machte beben.

Dann sah ich viere in demütiger schlichte
Und hinter allen kam allein gegangen
Ein greis ● im schlaf ● doch klug von angesichte.

Und diese sieben waren gleich behangen
Wie die des ersten zuges ● doch sie glühten
Anstatt der lilien die das haupt umschlangen

Von rosen nur und andren roten blüten.
Von ferne mochte man den glauben hegen
Dass allen ob den brauen flammen sprühten.

Nun zog der wagen mir gerad entgegen.
Ein donner scholl: die würdigen scharen harrten
Wie auf verbot sich fürder zu bewegen

Stillstehend mit den vorderen standarten.

FEGEFEUER ● XXIX. GESANG.

WIEDERSEHEN MIT DER SELIGEN

Sobald des ersten himmels siebensterne
Stillstanden denen wachen oder schlafen
Und trübung außer der durch sünde ferne

Die jeden hier der pflichten die ihn trafen
Erinnern – wie ihr bild auf erden lehre
Des Steuermannes bahnen nach dem hafen:

Da sah ich wie sich die wahrhaftigen heere
Die zwischen diesen und dem Greifen kamen
Zum wagen wandten wie zur schönsten ehre

Und einer rief als ob in Himmels namen
Dreimal: ›Komm Braut vom Libanon‹ im sange -
Und alle andren drauf ihn nachzuahmen…

Wie die erwählten bei dem lezten zwange
Empor aus ihren erdenhöhlen ragen
Mit neu erlangter stimme jubelklange:

So hoben sich auf Gottes siegeswagen
An hunderte ›ad vocem tanti senis‹
Sie die des Ewigen Lebens würden tragen.

Wo jeder ›Benedictus‹ sang ›qui venis‹
Indem er rings und aufwärts blüten streute
Und ›Manibus o date lilia plenis!‹

Ich schaute einst als sich der tag erneute
Den teil gen osten hin ganz rot verschattet
Indes den andren heitre helle freute.

Der sonne antlitz hob sich wie ermattet •
Es wurde durch der trüben dämpfe brüten
Dem aug ins licht zu schauen lang verstattet.

So zeigte sich mir im gewölk von bluten
Die aus der engel händen niederschwammen
Und stiegen und nach allen seiten sprühten

Ein Weib: den reinen Schleier hielt zusammen
Ein ölbaumzweig. Ihr grüner mantel deckte
Ein kleid von farbe der lebendigen flammen.

Und wenn auch eine lange zeit sich streckte
Seit sie durch ihre nähe meine sinne
Zum zittern brachte niederschlug und schreckte:

So ward ich jezt – und ohne schauen – inne
Der kraft die im geheimen auf mich drückte
Und fühlte die gewalt der alten minne.

Als kaum von der erscheinung niederzückte
Die hohe macht die mich so früh gefangen
Noch eh ich aus den knabenjahren rückte:

Da wandt ich mich nach links mit dem verlangen
Der kinder ihre mutter zu erreichen
Wenn sie nicht froh sind oder wenn sie bangen

Und sagte meinem führer mit erbleichen:
Kein tropfen blut ist in mir der nicht bebe –
Ich kenne noch der alten flamme zeichen.

Doch war Vergil in einer tiefern schwebe
Uns ferne schon • Vergil mein süßer ahne •
Vergil dem ich mich gab damit ich lebe.

Nicht der vom ersten paar verscherzten plane
Genuss – nichts half den tau-gespülten wangen
Dass trübes wasser wieder furchen bahne.

>Dante! nachdem Vergil von dir gegangen
Sollst du nicht weinen! Weine jezt nicht weiter!
Denn weinen wirst du bald aus andrem bangen.<

So wie ein seeheld der an mast und leiter
Auf seine mannschaft sieht – befehle jagen
Von schiff zu schiff und machen tatbereiter:

So sah ich wie auf linker wehr im wagen
(Als ich bei meines namens klang mich wandte
Den hier notwendigkeit gebeut zu sagen)

Die frau die ich aus der erscheinung kannte
Umgeben von der engel blumenfeier
Vom fluss herüber einen blick mir sandte:

Umfloß sie auch vom haupt herab der schleier
Der von Minervas laubgerank umwallte
Und zeigte sie sich mir auch noch nicht freier.

Sie fuhr mit stolzem königlichen halte
Dann fort wie einer ruhigen beginnes
Der heißres wort für später rückbehalte:

Ich bin es! sieh! die Selige! Ich bin es!
Wer gab zu diesem aufstieg dir die sporne?
Weißt du nun: hier nur sei man frohen sinnes?

Die lider senkt ich zu dem klaren borne
Doch mich drin blickend tauch ich ins gewühle
Der gräser. Scham zog meine stirn nach vorne.

So scheint der mutter art dem sohn als kühle
Wie nun die ihre mir erschien ● denn bitter
Ist der geschmack am herben mitgefühle.

Sie schwieg ● worauf der himmlischen Erbitter
Gesang begann: ›Ich hoffte auf den Herren‹
Doch bei den worten ›meine füße‹ schnitt er.

Wie schnee der zwischen den lebendigen sperren
Sich auf Italiens rücken frierend haufe
Solang des Slawenlandes winde zerren ●

Doch flüssig werdend in sich selbst vertraufe
Sobald es bläst aus schattenfremder zone
Wie eine kerze die vom licht zerlaufe:

So war ich seufzer- noch und tränen-ohne
Bevor sie sangen die nach ewiger globen
Zusammenklang sich richten mit dem tone.

Doch als ich hörte wie ihr süßes loben
Von mitleid schwoll – mehr als ob sie gesungen:
O frau was stellst du ihn auf solche proben?

Da ward der frost der lastend mich umrungen
Zu hauch und wasser und ist durch die pforte
Von aug und mund bang aus der brust gedrungen.

Sie stand an des gefährtes gleicher borte
Noch immer hoch und an die heiligen Mage
Gerichtet waren also ihre worte:

Ihr seid die Wächter in dem ewigen tage!
Nicht schlaf noch dunkel hemmt euch jedem fusse
Zu folgen den ein weg der erde trage.

Die antwort geb ich drum mit größrer musse
Dass wohl mich höre der dort steht in zähren
Und gleichen masses seien schuld und buße:

Nicht bloß durch wirken der gewölbten sfären
Wird jede saat zu sicherem ziel geschoben
Und je nachdem die sterne gunst gewähren –

Nein mehr noch durch den gnadenschatz von droben
Wo solche hohe wolken regen geben
Dass nie bis dort sich eure augen hoben.

Dieser war so in seinem Neuen Leben
Der artung nach dass jedes rechte walten
Zu wunderbaren wipfeln mochte heben.

Doch wüster nur und misslicher entfalten
Bei schlechtem sän und bauen sich die fluren
Je mehr sie gute bodenkraft enthalten.

Ich wies ihn eine zeit von schlimmen spuren
Die jugendlichen blicke auf ihn lenkend
Dass wir vereint die grade Straße fuhren.

Sobald ich aber nach der schwelle schwenkend
Des zweiten alters neue form genommen
Da riss er sich von mir ● sich andern schenkend.

Als ich vom fleische war zu geist geklommen
Und größre kraft und schönheit mir gediehen ●
Schien ich ihm minder teuer und willkommen.

Er ließ sich auf nicht wahre wege ziehen
Verfolgend eines falschen glücks gestalten
Die vor erfüllung des Versprechens fliehen.

Nicht halfs erleuchtungen ihm zu erhalten
Womit ich ihn im traum und andrerweile
Zurückrief – da sie ihm nur wenig galten.

Er fiel so tief dass schon zu seinem heile
Die mittel bis auf eins zu mangeln drohten:
Ihn leiten lassen durch der Hölle teile.

Darum besuchte ich das tor der toten
Ob jener sich zum führer geben wolle
Der auf mein flehn und weinen sich erboten.

Gebrochen würde hoher satzung rolle ●
Wenn einer des Vergessens fluss verließe
Und nähme solche nahrung ● frei vom zolle

Der reue die in tränen sich ergieße.

FEGEFEUER ● XXX. GESANG.

FORTSETZUNG DES BEKENNTNISSES ●

DIE TAUFE IM LETHE

O du der jenseit steht der heiligen fluten –
So wandte sie an mich ihr wort mit stechen
Das durch die schneide schon gebracht zum bluten ●

Und sie fuhr weiter ohne abzubrechen:
Sag sag ob dieses wahr ist! Solcher klage
Ziemt deinem eingeständnis zu entsprechen…

Darüber wurde meine kraft so zage
Dass sich die stimme hob ● doch beim beginne
Erstarb eh sie durchs innre trat zu tage.

Kurz hielt sie ein und sprach: Was soll dein sinnen?
Gib antwort! Konnte des vergangnen trauer
Doch in den wassern noch nicht dir zerrinnen!

Mir trieb Verwirrung untermischt mit schauer
Hervor ein solches >ja< aus meinem munde
Dass es erst durch die miene ward genauer.

So wie ein bogen kracht wenn strick und runde
Erzittern unter allzu starkem zucke ●
Und mindrer kraft der pfeil das ziel verwunde:

So brach ich unter diesem schweren drucke…
Es stürzte seufzer mir hervor und zähre
Und meine stimme stockte unterm rucke.

Und sie zu mir: In meiner wünsche sfäre
Die mit dir jenem gut entgegengingen
Jenseit von dem nichts ist was sich bewähre:

Was fandest du für gruben ● was für schlingen
Auf deinem weg dass du für ihr durchwallen
Dich derart um die hoffnung konntest bringen?

Was zeigte sich dir bei den andren allen
An fördernissen an befriedigungen
Auf dass du ihnen gingest zu gefallen?…

Nachdem sich tiefer seufzer mir entrungen
Könnt ich kaum einen hauch der stimme borgen…
Aus meinem mund die antwort kam erzwungen.

Ich sagte unter weinen: Zeitlich sorgen
Mit seiner falschen lust trieb mich zurücke
Sobald sich euer antlitz mir verborgen.

Sie sagte: ›Leugne oder unterdrücke
Was du bekennen sollst: die schuld liegt offen
Trotzdem… der richter irrt in keinem stücke.

Doch wenn von eingestandnen Sünden troffen
Des schuldigen lider ● wird nach unsrem rechte
Vom schleifrad umgekehrt der schnitt getroffen.

Damit indes dich stärker übers schlechte
Die scham belaste und beim nächsten gange
Dich minder der Sirenen sang befechte:

Horch und tu ab die tränen von der wange!
Und du wirst hören wie mein fleisch im grabe
Bewegen musste mit ganz andrem drange.

Nie gab natur und kunst dir eine labe
Mehr als mein schöner leib der mich umhangen ●
Den ich als staub zurückgelassen habe.

Und war die höchste freude dir entgangen
Durch meinen tod – welch irdische besitze
Vermochten dich zu ziehn in ihr verlangen?

Wol ziemte dass die erste scharfe spitze
Der trügerischen dinge dich entrücke
Hinter mir her zu meinem andren sitze.

Nicht ziemte dass dies deinen fittich drücke
Mehr wunden dir zu holen: junge frauen
Und andre eitelkeit von kurzem glücke.

Ein neues vöglein mag abwartend schauen …
Jedoch der flügg-gewordnen sinn benähmen
Nicht pfeile-schießen und nicht falle-bauen.<

Wie kinder horchen und sich schweigend schämen ●
Den blick am boden ● und was sie betöre
Erkennen und sich drob im innern grämen:

So stand ich und sie sprach: Mit dem gehöre
Empfandst du leid … doch heb den bart erst wieder
Dann macht die schau dass größres dich verstöre …

Nicht mindren Widerstandes dreht die glieder
Ein starker eichbaum bei des sturmes toben
Von Nord her oder landen der Numider:

Als ich auf ihr geheiß das kinn erhoben
Und da sie bei dem >bart< ans antlitz dachte
Hatt ich das gift des satzes zu erproben.

Und als ich mein gesicht in richtung brachte
Bemerkt ich jene ersten kreaturen
Wie ihre blumenstreuung einhalt machte...

Mein auge sah ● noch mit der trübung spuren ●
Wie sich die Selige nach dem tier bewege
Das eines wesens ist in zwei naturen.

Sie schien jenseit der flut in schleiers hege
Höher als einst ● um soviel wie sie vorne
Vor allen andren schritt im erdenwege.

Solch stechen fühlt ich von der reue dorne
Dass jedes ding das meist mich zog im leben
In seine lust ● nun meist mich trieb zum zorne.

Dies eingeständnis ließ mein herz so beben
Dass ich entsank – wie elend sie mich lasse
Sie wusst es wol die grund dazu gegeben.

Sodann als neue kraft gewann der blasse
Sah jene frau ich zu mir hingebogen
Die erst ich traf... sie sagte: Fass mich! fasse!

Sie schleifte mich nachdem sie mich gezogen
In jene flut bis oberhalb der brüste
Und glitt mit feder-leichte auf den wogen.

Als ich nun nahe war der seligen küste
Hört ich ›Asperges‹ mit so süßem hoffen
Dass ichs zu denken nicht ● zu schreiben wüsste.

Dann tat die schöne frau die arme offen ●
Sie nahm mein haupt und tauchte mich im flusse
Woraus zu schlürfen jetzo mich betroffen.

Sie holte mich hervor nach diesem gusse ●
Ich ward in der vier Holden tanz verwoben
Und jede hob die arme zum umschluße.

>Wir sind hier nymphen ● Sterne sind wir droben ●
Eh noch die Selige die erde sähe
Hat Gott zu ihrem dienste uns erhoben.

Wir führen vor ihr antlitz: für die nähe
Der freudigen lichter aber machen sehend
Erst jene drei mit einer tiefern spähe.<

So fing ihr singen an und weiter gehend
Entrückten sie mich bis zur brust des Greifen.
Dort hielt die Selige uns entgegenstehend…

Nun lass mit eifer deine blicke schweifen ●
So sprachen sie ● du trittst vor die rubine
Die einst die liebe kor dich zu ergreifen.

Und tausend wünsche ● flammender als kiene ●
Drängten mein aug in jenes auges helle
Das stets den Greifen traf mit gleicher miene.

Ich sah wie gleich der sonne in der quelle
Ganz so das doppeltier sich drin entfalte
In bald der einen bald der andren stelle.

(Denk leser ob Verwunderung mich halte!)
Und wie das ding sich selber nie bewege
Doch sich in seinem abbild umgestalte.

Indem vor staunen und vor freude rege
Sich meine seele labte an der speise
Die macht dass wen sie sättigt lust noch hege:

Da kamen nach der art der höchsten kreise
Die andern Dreie mit entgegennicken
Und tanzen nach der engel sangesweise:

>Zeig Selige dich mit deinen heiligen blicken!
Zeig dich< so klang ihr singen >der getreue
Kam dich zu schauen nach soviel geschicken.

Tu uns zugunsten ihm die gunst! Verstreue
Den Schleier der dein angesicht umscheuchte!
Lass deine Schönheit sehn – die zweite neue!<

O glanz der ewigen lebendigen leuchte!
Wer hat sich so im musenhain ermattet
Und hat so lang geschlürft von jener feuchte

Dass ungehindert ihm sein geist gestattet
Das abzuschildern was du hier erfülltest:
Vom klangbewegten himmel überschattet

Als du im offnen äther dich enthülltest!

FEGEFEUER • XXXI. GESANG.

DER MYSTISCHE BAUM

So war mein auge starr und fest gerichtet
Dass es nach dem zehnjährigen durst sich letze
Und hatte jeden andren sinn vernichtet.

Wie wenn es hier und dort sich grenzen setze
Der obacht – so hat mich das heilige blinken
An sich gezogen mit dem alten netze.

Dann ward mein antlitz mir zu meiner linken
Von jenen göttinnen gedreht im zwange
Als eine sagte: Nicht zu sehr versinken!

Und einwirkung die unsern blick befange
Wenn eben grad die sonne in ihm brannte
Beraubte mich der sicht minutenlange.

Doch als mein aug das mindre wiederkannte –
Ich sage >minder< neben dem gesichte
So groß von dem ich mit gewalt mich wandte –

Sah ich nach rechts in einer andern richte
Das ruhmesvolle heer im bogen kommen
Im blick die sonne und die sieben lichte.

Wie schildbewehrte schar zu ihrem frommen
Umschwenkt und einen kreis zieht um ihr zeichen
Bevor sie andre Stellung eingenommen:

So war die heerschar aus den ewigen reichen
Die vorging ganz an uns vorbeigeschritten
Bevor des wagens deichsel war im weichen.

Die frauen drehten sich an fuhrwerks mitten ●
Der Greif kam mit der heiligen last gezogen
Und so dass keine seiner federn glitten.

Die schöne frau die mich enttaucht den wogen
Und ich und Statius bei dem rade gingen
Das seinen kreis beschrieb mit mindrem bogen.

Indem wir durch den wald der leer war dringen
(Sie der die schlange log ist anzuklagen)
Schlafft unsren schritt ein engelhaftes klingen.

So weit etwa war er dahingetragen
Als dreimal es ein bogenschuss gestatte:
Da hielt er ● und die Selige stieg vom wagen.

Nachdem die schar >Adam‹ gemurmelt hatte
Umgab sie einen baum von jeder seite
Der ganz entkleidet war von blüt und blatte.

Sein haar das um so mehr sich dehnt ins breite
Je weiter oben – würde von den Indern
In ihrem wald bestaunt ob seiner weite.

›Glückselig ● Greif! den schnabel zu verhindern
Dies holz zu splittern ● das im schmacke zarte ●
Das nachher grimmt im leibe seinen schindern!‹

So riefen um den starken baum gescharte
Einhellig – und das tier das zwiegestalte:
›Jedes gerechten same so sich wahrte!‹

Er fasste die vorher gezogne halte ●
Trieb sie zum fuß des Stammes ohne frische
Indem er was von IHM war an IHN schnallte.

So wie bei unsren pflanzen wenn vermische
Das große licht mit jenem seine schoße
Das glutet hinterm himmelsbild der Fische:

Die säfte steigen und dann jede sprosse
In ihrer farbe • eh der sonnenwagen
Führt unter andrem sterne seine rosse •

Minder als rosenfarbe ausgeschlagen
Als veilchen mehr – stand das gewächs im flore
Das so verwaiste zweige erst getragen.

Verstanden hab ich nicht • nie dringt zum ohre
Bei uns ein loblied wie es jene sangen…
Nicht lauschen konnt ich bis zu end dem chore.

Dürft ich beschreiben wie der schlaf umfangen
Des Argus augen bei der Syrinx sage
Dem es für zuviel wachsein schlimm ergangen:

Würd ich • ein maler der sein vorbild frage •
Darstellen wie ich damals eingeschlummert…
Doch schlaf zu schildern – ob es einer wage?…

FEGEFEUER • XXXII. GESANG • 1–69.

119

BAD IM EUNOË

O du des menschenvolkes licht und ehre
Was ist dies wasser das aus einer mitte
Dort strömt eh es sich von sich selber kehre?

Auf diese bitte sagte man mir: Bitte
Mathilda dirs zu sagen. Es versezte
Darauf als ob sie eine schuld bestritte

Die schöne frau: Viel andres ● auch dies lezte
Ward ihm von mir berichtet und ich glaube
Dass Lethes flut es noch nicht aus ihm nezte.

Da sprach die Selige: Was uns öfter raube
Erinnerung: vielleicht dass stärkre strebe
Der geistes-augen klarheit nicht erlaube!

Dort sieh wo Eunoë entspringt ● dort hebe
Dich hin mit ihm ● du ja geübt im gleichen ●
Und seine abgestorbne kraft belebe!

Wie edle seelen scheuen auszuweichen
Und andrer wunsch zu ihrem wunsch erkiesen
Sobald er sich eröffnet durch ein zeichen:

So ging nachdem sie mich zu sich gewiesen
Die schöne frau und hieß auch mein geleite
Nach edelfrauen-art: Tritt neben diesen!

Wär mir gestattet ● Leser ● größre breite
Des schreibens so besänge ich noch lange
Den süßen trank der mehr nur durst bereite.

Da aber nun zu diesem Zweiten Sange
Gefüllt sind alle vorgesezten bogen
Hemmt mich der zaum der kunst in meinem gange.

Ich kehrte um von den hochheiligen wogen
So umgeschaffen wie aus neuem kerne
Die neue pflanze neu von grün bezogen

Rein und geneigt zum aufstieg auf die sterne.

FEGEFEUER ● XXXIII. GESANG ● 115-145.

ANRUF APOLLOS ●

AUFSTIEG IN DIE FEUERREGION

Die glorie des bewegers aller dinge
Dringt durch das weltall und sie ist entglommen
Mehr in dem einen als im andern ringe.

Im himmel war ich der zumeist entnommen
Von Seinem licht und sah dort was verbreiten
Nicht darf noch kann wer von dorther gekommen.

Denn wenn wir höchstem ziele näher schreiten
Liegt unsre einsicht in so festem bande
Dass das gedächtnis nicht kann rückwärts gleiten.

Fürwahr soviel vom glanz der heiligen lande
Noch in den schreinen meines geistes glühe
Mach ich zu meines liedes gegenstande…

Apollo gütiger! zur lezten mühe
Gib dass ich so viel deiner kräfte fasse
Dass der geliebte lorbeer dann mir blühe!

Bislang braucht ich Ein joch nur vom Parnasse
Doch für die jetzo mir gezogne strecke
Bedarf ich beider eh ich ein mich lasse.

Dring nun in meinen busen und erwecke
Die töne wie einst in des Marsyas jahre
Als du ihn zogst aus seiner glieder decke!

O kraft des Herren! so viel mir bewahre
Dass sich vom seligen reiche nur ein schatte
In meinem haupt gebildet offenbare!

So sieh mich kommen zum begehrten blatte
Davon ich mich mit einer krone schmücke
Die deine gunst und die mein stoff verstatte!

Weil man nur selten • Vater • davon pflücke
Zu eines caesars oder dichters ehre •
(Des menschlichen bestrebens schuld und lücke!)

So müsste es geschehen dass der hehre
Und frohe Delphier vor freude schwelle
Wenn einer des Peneios laub begehre.

Auf kleinen funken folgt oft große helle:
Vielleicht dass wer nach mir mit bessrem munde
So redet dass der gott sich ihm geselle. –

Den sterblichen entsteigt aus manchem schlunde
Die welten-leuchte • aber dem entrückend
Der mit drei Kreuzen einiget vier Runde

Ist sie von bessrem lauf und mehr beglückend
Mit ihrem sternbild • so im welten-thone
Mehr ihre art ein-schmeidigend und drückend.

Der stand bewirkte dass hier morgen wohne •
Dort abend und fast völlig eine blanke
Halbkugel war und eine schwarze zone.

Ich sah die Selige nach der linken flanke
Sich wendend mit dem blicke in die sonnen…
Kein adler heftet ihn so ohne wanke.

Wie zweiter strahl im ersten hat begonnen
Und wieder in die höh kommt rückgesprungen –
So wie ein pilger umzudrehn gesonnen –

So ließ ihr tun durch augen eingedrungen
In meinen geist das meine nach sich ziehen …
Ich sah zur sonne wie mirs nie gelungen.

Vieles verleiht man hier was nicht verliehen
Wird unsren irdischen kräften ● dank dem lande
Zum sitz der menschenkinder einst gediehen.

Nicht lang hielt ich sie aus ● doch war im stande
Zu sehen dass sie ringsum flammen schlage
Wie glühend eisen ● eben aus dem brande.

Da schien mit einemmal mir tag zu tage
Gefügt als ob durch die gewalt von oben
Der himmel eine zweite sonne trage.

Der Seligen aug stand auf den ewigen globen
Fest ruhend ● so wie fest die meinen ruhten
Auf ihr – vom obern glanze weggehoben.

Ihr anblick machte mich zum sogemuten
Wie einst den Glaukus als er ass vom kraute
Das ihn gesellt den göttern in den fluten.

Das übermenschlich-werden ist durch laute
Nicht fassbar ● doch begnüge mit DEN proben
Sich einer bis durch gnade er es schaute.

Ward nur mein jüngst-erschaffnes teil enthoben?
Du weißt es • Liebe die die himmel lenket
Die du mit deinem licht mich zogst nach oben.

HIMMEL • I. GESANG • 1-75.

ERMAHNUNG AN DEN LESER ● EINTRITT IN

DEN MONDHIMMEL

O ihr auf winzigem kahne die im drange
Mich anzuhören ihr euch ließet leiten
Von meinem schiffe das hinfährt im sange:

Kehrt wieder zu den heimischen gebreiten!
Wagt euch nicht auf die hohe flut … denn gerne
Könnt ihr zerschellen ohne mein begleiten.

Von meinem weg hielt man bisher sich ferne …
Minerva haucht ● Apoll weist mir die fährte
Und neue musen zeigen mir die sterne.

Ihr andren wenigen die ihr die bärte
Zuzeiten aufreckt nach der engelspeise
Die hier uns labt ● doch sattsam nie uns nährte:

Vertrauen mögt ihr euer schiff der reise
Auf hohem meere ● folgt ihr meinen spuren
Bevor das wasser rinnt in gleicher weise.

Nicht jene Tapfern die nach Kolchis fuhren
Erstaunten so wie ihrs hier mögt erleben
Als Jason sie am werk sahn in den fluren.

Das ewige und eingeborne streben
Zum gottgeformten reich hat uns enthoben
So schnell als sähet ihr den himmel schweben.

Ich sah die Selige an ● sie sah nach oben
Und etwa so lang als ein pfeil sich richte
Abfliege und sich trenne von dem kloben:

Ward ich entrückt wo wunderbar gesichte
Mich an sich zog und sie die bis zum kerne
In meinem innern spähte was ich dichte ●

Winkte mir zu so froh als schön: >Nun lerne
Dankbar zu Gott dich wenden der uns beide
Hier hat vereinigt mit dem Ersten sterne.<

Es schien mir dass uns ein gewölk umkleide
Ein leuchtendes und dichtes ● fest- und feines
Wie diamant durch den die sonne schneide.

Das innere des ewigen edelsteines
Gab einlass uns wie wasser ein kann lassen
Des lichtes strahl und bleibt doch immer eines.

Und war ich körper: (dort kann man nicht fassen
Dass umfang andren in sich zugestünde ●
Sonst müsste körper ja in körper passen)

So ziemte dass ein größrer wunsch noch zünde
Die wesenheit zu schaun in der wir schauen
Wie unsere natur sich Gott verbünde.

Hier kann man SEHN worauf wir gläubig bauen
Auch unbewiesen – doch durch sich gegeben
So wie wir dem anfänglich wahren trauen.

Ich gab zur antwort: Herrin ● so ergeben
Wie ich es nur vermag ● will ich Ihm danken
Der aus des sterbens welt mich ließ entschweben.

HIMMEL ● II. GESANG ● 1-48.

PICARDA UND KONSTANZE

Drauf richtet ich das wort an jenen schatten
Dess züge ihn als meist bereit empfahlen ●
Und glich dem von zu starkem wunsche matten:

O wolgeschaffner geist den in den strahlen
Des ewigen lebens süßigkeit erquicke
Die ungekostet man begreift niemalen ●

Was ist dein name was ist eur geschicke?
Erweis die gunst mir dass ich mich belehre!
Und sie erbötig lächelnd mit dem blicke:

Unsre bereitschaft wenn man wol begehre
Hat ihre grenze nur an Dessen borden
Der alles ähnlich will in seinem heere.

Ich war zur zeit jungfrau in einem orden
Und willst du im gedächtnis dich erkunden
So hehlt dies nicht dass schöner ich geworden:

Ich bin Picarda die du hier gefunden
Die ich mit andren seligen hier wohne …
Ich selig in der säumigsten der runden.

All unsre wünsche glühn in dieser zone ●
Sind ganz dem fug des Heiligen Geists geweihte
Frohlockend nach der regel seiner throne.

Ein solcher anteil ist der mir bereite ●
Ein scheinbar kleiner ● weil wir nicht gehalten
Unsren verspruch – verbruch an einer seite.

Ich sprach zu ihr: So wunderbar entfalten
Fast etwas göttliches mir eure mienen
Das anders macht die früheren gestalten.

Drum bist du mir nicht gleich bekannt erschienen
Doch jezt kehrt leicht erinnrung mir zurücke
Da deine worte mir als helfer dienen.

Doch sag mir: ihr die ihr hier lebt im glücke
Sehnt ihr euch nicht nach einem höhern kreise
Der mehr euch zeigt und euch Ihm näher rücke?…

Mit andern geistern lächelte sie leise…
Als ob sie ersten feuers glut umfange
Gab sie die antwort dann in froher weise:

O Bruder! unsren wunsch befreit vom drange
Die kraft der Liebe so dass jeder wolle
Nur was er hat und andres nicht verlange…

Wir wünschen uns nicht als mehr gnadevolle
Weil unsre wünsche nicht im einklang wären
Mit dessen spruch der fügt was jeder solle.

Dies ● siehst du ● hat nicht statt in diesen sfären
Denn in-der-liebe-sein hält uns gebunden ●
Und willst du deren wesen recht dir klären

So ist gesetz in diesen seligen runden:
Sich ganz zu überlassen Gottes fuge
Wo Aller wunsch als Einer wird empfunden.

Dem ganzen reich gefällt was flug nach fluge
Im ganzen reiche allen ist beschieden
Und sie vollziehn nur nach des Herrn vollzuge.

Was Er verfügt ist eins mit unserm frieden …
Er ist das meer ● nach welchem alles schaue
Was selbst Er schafft und was entsteht hienieden …

Da ward mir klar: in jedem himmelsgaue
Ist paradies ● wenn auch in Einer weise
Des höchsten gutes gnade hier nicht taue.

Doch wie es kommt dass satt von Einer speise
Nach einer andren noch begehrt der magen ●
Dass dies er wünscht und jenes von sich weise:

So machte ichs mit rede und betragen
Um durch sie zu erfahren von dem tuche
Wozu die fäden sie erst halb geschlagen …

Wert und vollkommner wandel weist im buche
Des lebens ihr den rang nach deren sende –
Sprach sie – man drunten strick und schleier suche.

Zu schlafen und zu wachen bis ans ende
Bei jenem bräutigam der alle eide
Annimmt womit sich liebe zu ihm wende …

Ihr folgend barg ich mich in ihrem kleide.
Als mägdlein flüchtet ich vorm irdischen streben
Und trat in ihre bahn mit dem entscheide.

Menschen dem übel ● nicht dem heil ergeben
Entschleppten dann mich meiner süßen zelle ●
Gott weiß es wie seitdem hinfloss mein leben.

Und diese andre leuchte ● deren stelle
Zu meiner rechten ist ● von einem brande
Entfacht mit unsrer sfäre ganzer helle:

Was mich betraf gilt auch von ihrem stande ●
Auch sie war nonne ● auch sie musste missen
Ums haupt den schatten der geweihten bande.

Doch wieder in die welt hineingerissen
Trotz ihres wunschs und gutem brauch zum hohne –
Ging ihr des herzens schleier nie zerschlissen.

In diesem licht siehst du Konstanzas krone ●
Der großen ● die dem Zweiten sturm aus Schwaben
Gebar den Dritten mit dem lezten throne …

HIMMEL ● III. GESANG ● 34–120.

DER VENUS-HIMMEL • KARL MARTELL

Einst glaubte die noch finstre welt die märe:
Die schöne Kypris ließe tolle liebe
Ausstrahlen aus der dritten himmelsfäre.

Drum wollte dass nicht ihr nur ehrung bliebe
Des opfers und der hilfeflehnden gäbe
Das alte volk im alten irr-getriebe –

Dass auch Dione und der flügelknabe
In ehren sei • die mutter samt dem sohne
Der • heißt's • auf Dido's schoß gesessen habe.

Die hier den anfang gab zu der kanzone
Gab einst dem stern den namen der die sonnen
Umschwärmt bald vor bald hinter ihrem throne.

Nicht merkt ich wann der weg hinein begonnen
Doch ward gewahr dass ich darinnen schreite
An meiner Herrin immer größern wonnen.

Und wie man sichte aus der glut die scheite
Und wie den ton man unter tönen schlichte
Wo einer festhält wann der andre gleite:

Sah ich aus dieser leuchte andre lichte
Im kreis sich drehn • minder und mehr geschwinde
Je nach der schau der ewigen gesichte.

Aus kalter wolke stürzten niemals winde
Sichtbar und unsichtbar • dass nicht an ihnen
Etwas behindert wäre und gelinde

Für ihn dem dieser gottesglanz erschienen
Wie er heranflog ● lassend seinen reigen
Der anfängt bei den hohen serafinen.

Und solch ein Hosiannah hört ich steigen
Aus jener schar die ich zuvorderst sahe
Dass ich begehrt: möcht es doch nie mir schweigen.

Und einer unter ihnen kam uns nahe
Und sprach allein: Zu deiner lust umfangen
Wir alle dich dass unser glück dich fahe!

Durch Einen kreis Ein kreisen Ein verlangen
Sind mit des himmels fürsten wir beweget
An die auf erden deine worte klangen:

>IHR DEREN GEIST DEN DRITTEN HIMMEL REGET<
Wir sind so voll von liebe dass dich freuend
Uns süß sei wenn die lust ein nu sich leget.

Nachdem mein auge ehrerbietig scheuend
In jenes meiner Herrin eingedrungen
Und antwort kam gewährend und betreuend:

Zur leuchte die so lockend mir erklungen
Wandt ich mich. Ach wer waret ihr vor zeiten?
Rief ich von mächtigem gefühl durchdrungen.

Ich sah sie sich vertiefen und erweiten
Und dass noch neue seligkeit ihr werde ●
Nachdem ich sprach ● zu ihren seligkeiten.

In der gestalt sprach sie: Ich war der erde
Nur kurze frist: hätt ich mehr zeit gewonnen ●
Nicht käme ● die nun kommt ● soviel beschwerde.

Ich bin vor dir verhehlt durch meine wonnen
Die mich umstrahlen und in eigner schranke
So wie das tier von seide übersponnen.

Du hast mich sehr geliebt und wohl zu danke.
Hätt ich gelebt • ich hätte dir gewiesen
Von meiner liebe mehr als das geranke.

HIMMEL • VIII. GESANG • 1-57.

BESCHEIDENHEIT IM WISSEN

Und dies sei deinem fuß ein bleigewichte
Dass du ● wie Müde ● gehst mit sachtem tritte
Zum ja zum nein wenn unklar dein gesichte.

Der sizt zu unterst in der toren mitte
Der annimmt und verwirft ohn unterscheiden
Sowohl beim einen wie beim andern schritte.

Denn mehr als einmal kommt es dass sich weiden
Des volkes meinungen an falschen tischen…
Dann kann Vernunft des triebes zwang nicht meiden.

Mehr als umsonst stößt ab vom Strand – denn zwischen
Ausfahrt und rückkehr ändert er sich leise –
Wer kunst nicht hat und will das Wahre fischen.

Parmenides dient dafür zum beweise
Bryson Meliss und andre jedem richter:
Sie gingen ● doch bedachten nicht die reise…

So tat Sabell ● so Arius ● alle wichter
Die an die Schriften traten mit der schneide
Um schief zu machen richtige gesichter.

Niemand soll traun dem eigenen entscheide
Zu sehr ● wie er der zählte zum besitze
Im feld noch eh es reif war das getreide.

Einst stand den winter durch mir vorm antlitze
Der dornenbusch der wilde und verdorrte
Der später rosen trug auf seiner spitze…

Auch sah ich flink und nach dem rechten orte
Ein schiff das meer durchziehn die ganzen gleise
Und schließlich untersinken nah dem porte.

Nicht glauben soll herr und frau Naseweise
Die diesen rauben sehn und jenen schenken
Dass darin Gottes ratschluss sich erweise

Da der sich heben kann und der sich senken.

HIMMEL ● *XIII. GESANG* ● *112–142.*

CACCIAGUIDA ●

VORAUSSAGE DER VERBANNUNG

Hoch ragst du teures reis von gleichem rumpfe ●
Und wie es klar ist irdischem verstehen
Dass es in keinem dreieck gibt zwei stumpfe:

So siehst du alles fällige geschehen
Bevor es wird ● indem du schaust zur mitte
Vor der als heutig alle Zeiten stehen.

Als noch Vergil begleitet meine schritte
Beim abstieg in verlorner weiten plage
Und auf der rettbarn geister höhen-tritte:

Ward mir gesagt für meine künftigen tage
Manch lastend wort ● weiß ich mich auch zur stelle
An allen ecken bei des schicksals schlage.

Drum war mein wunsch dass sich vor mir erhelle
Was für Verhängnisse mich überschweben ●
Denn der geschaute pfeil trifft minder schnelle …

So sagt ich zu der leuchte die soeben
Mir sprach und dass ich meinen wunsch gestünde
War nach der Seligen willen zugegeben.

Es war nicht jene rätselvolle künde
Die frühres volk verstrickt in seinem wahne
Eh das Lamm Gottes wegnahm unsre sünde:

Es war bestimmte rede und das plane
Latein… umringt und scheinend durch sein lichte
Erwiderte der liebevolle ahne:

Der zufall über den sich die geschichte
Des menschen-daseins nicht hinausverbreitet
Ist ganz gemalt vorm ewigen gesichte.

Doch wird daraus ein zwang nicht abgeleitet
So wenig wie der blick der zuschaut störe
Das schiff das auf dem strome niedergleitet.

Von droben ● so wie dringen zum gehöre
Von einer orgel süße harmonieen ●
Dringt mir vors aug das los das dir gehöre.

Wie Hippolyt musst aus Athen entfliehen
Auf frevelhafter mutter falsche melde:
So aus Florenz ist dir bestimmt zu ziehen…

Dies wünscht man und dies sucht man und in bälde
Wird zum ereignis werden was sie planen
Dort wo man Christum täglich schlägt zu gelde.

Es heftet an der Unterlegnen fahnen
Der brauch die schuld auch hier… doch wer gelogen
Daran wird spätres zeugnis rächend mahnen.

Ein jedes teure ding wird dir entzogen
Das dir zunächst war – dieser pfeil entfalle
Zuerst auf dich aus der Verbannung bogen!

Du musst empfinden wie sehr schmeckt nach galle
Das brot der fremden und wie schwere gänge
Aufstieg und abstieg sind in fremder halle.

Doch was am meisten deine schultern zwänge
Ist jene schar sinnloser bösewichte
Mit denen du entsinkst dort im gedränge.

Die ganz auf frevel undank wahn erpichte
Wird dir entgegenstehen ● doch beizeiten
Wird rot darüber ihr nicht dein gesichte.

Ihr weitres tun wird ihrer schnödigkeiten
Beweis sein … und dir rechnet man zum siege
Dass du gestanden hast auf eigner seiten.

Dein erstes Schutzdach ● deine erste liege
Gewährt dir freundlich der lombardische Große
Der einen adler führt auf einer stiege.

Sein haus wird dir zu solchem gütigen schoße
Dass bei euch zwein im geben und verlangen
Sogleich geschieht was sonst erst nach dem stoße.

Daselbst wirst du Ihn sehn der es empfangen
Bei der geburt von Diesem tapfern sterne
Dass seine werke werden ruhm erlangen ●

Doch nicht dass sie die weit schon kennen lerne…
Die hohe kugel hat erst seit neun jahren
Um ihn gedreht ● so ist sein tag noch ferne.

Doch eh der hohe Heinrich hat erfahren
Des Basken trug – wird seine tugend funkeln
Indem er gold nicht-achtet noch gefahren.

Mit seinem glanze wird er aus dem dunkeln
Vorbrechen eines tages dass dem hasse
Sogar nichts übrigbleibt als davon munkeln.

Auf ihn und seine reichen spenden passe!
Durch ihn wird wechsel sein in manchem gaue
Und tausch von dem der darbe und der prasse.

Schreib in den geist dir was ich dir vertraue
Von ihm ● doch sag es nicht! … und er sprach dinge
Unglaubliche für den der einst sie schaue.

Dann fügt er zu: Mein sohn ● erläutrung bringe
Dir dies zum jüngst gesagten … DIE unglücke
Sind es – verdeckt durch wenig zeitenringe.

Doch will ich nicht dass auf dein mitvolk drücke
Dein hass … denn in die zukunft ragt dein leben
Weiter als die bestrafung ihrer tücke.

Als schweigend drauf zufrieden sich gegeben
Die heilige seele die den einschlag machte
Zum tuch das ich vor ihr anhub zu weben:

Begann ich wie nach längerem bedachte
Sich einer rats erholt bei einem zweiten
Der liebt ● der strebt mit richtigem betrachte:

Ich sehe ● vater ● auf mich los schon reiten
Die zeit ● dass sie mit ihrem hieb mich dränge
Der meist trifft den am meisten unbereiten.

Darum ist vorsieht gut für meine gänge
Dass ich nicht ● von dem liebsten ort verschlagen ●
Noch andre missen muss durch meine sänge.

Tief unten in der weit endloser plagen
Und auf dem berg von dessen höchster ferne
Die augen meiner Herrin mich getragen:

Und dann am himmel hin von stern zu sterne
Erfuhr ich manches ● das wenn ichs gestalte
Für viele schmack wird haben bittrer kerne.

Und wenn ich schwank nur mich ans wahre halte
So fürcht ich: ich verlier in Jener bilde
Die unsre zeit bezeichnen als die alte.

Das licht drin mein gefundner hört hier milde
Erglänzte ● ward zuerst zu voller lohe
So wie der Sonnenstrahl auf goldnem schilde

Und sprach darauf: Wem das gewissen drohe
Mit eigner oder fremder schande drucke:
Empfindet deine worte wohl als rohe.

Dem ungeachtet halt dich frei von schmucke
Und ganz eröffne das von dir geschaute ●
Lass es geschehn dass wen es beißt sich jucke!

Wenn auch beschwerlich werden deine laute
Beim ersten kosten ● wird lebendige zehrung
Man draus entnehmen wenn man sie verdaute.

Dem Sturmwind gleich tut diese deine lehrung
Dass meist sie rüttelt an den höchsten spitzen …
Und dies ist kein geringer grund zur ehrung.

Drum wurden dir gezeigt auf unsren sitzen
Und auf dem Berg und in dem Tal der Sorgen
Nur solche seelen deren namen blitzen.

Der geist der aufnimmt würde sich nicht sorgen
Noch glauben wenn man ihm ein beispiel male
Von einem Ursprung namlos und verborgen

Und einen gegenstand der nicht erstrahle.

HIMMEL • *XVII. GESANG* • *13–142.*

DER ADLER ÜBER GLAUBE UND HEIL

Wie sich die lerche aufschwingt in die weiten
Erst singend und dann schweigend ● zur genüge
Ersättigt mit den lezten süßigkeiten

So deuchte mir das abbild vom gefüge
Des Ewigen Beliebens dessen waltung
So wie sie ist sich jede sache füge.

Und wusst ich auch dass meine innre Spaltung
Wie farbe hinter glas man hier durchdringe:
Trug ich nicht länger schweigende verhaltung.

Aus meinem munde: >was sind diese dinge?<
Brach es hervor als ob ich dran ersticke.
Drauf mehrte sich das strahlende geschwinge.

Dann kam mit einem leuchtenderen blicke
Die antwort des gebenedeiten Aares
Damit ich nicht in staunen mich verstricke:

Ich sehe wol du hältst dies all für wahres
Weil ichs gesagt – doch weißt du nichts vom grunde ●
So ist es dir wenn auch geglaubt nichts klares.

Du tust es jenem gleich ● der führt im munde
Der dinge namen ● doch was sie enthalten
Kann er nicht sehn ● bringt nicht ein Andrer kunde.

Regnum Coelorum lässt sich vergewalten
Von heißer liebe und von gläubigem drange
Die sieger bleiben übers ewige schalten

Nicht so wie mensch vor mensch erliegt dem zwange ●
Es siegt indem es wünscht besiegt zu werden –
Besiegt siegt es im gnadenüberschwange.

HIMMEL ● *XX. GESANG* ● *73–99.*

KRÖNUNG DER JUNGFRAU

So wie der vogel im geliebten laube
Sizt auf dem neste seiner teuren kleinen
Zur nachtzeit die der dinge anblick raube

Der ● um zu schaun nach den begehrten scheinen ●
Zu spähen nach dem futter das sie speise
(Die schwere müh ist lieb ihm für die seinen)

Der zeit voreilt auf einem höhern reise
Mit glühndem wunsche wartend auf die helle
Und ausschau hält ob sich die dämmrung weise:

So meine Herrin in aufrechter stelle
Und achtsam wandte sich nach jener breite
Wo sich die sonne zeigt mit mindrer schnelle.

Als sie so harrte mit dem blick ins weite
Erging es mir wie dem der wünsche nährte
Und durch die hoffnung sich vom drang befreite.

Doch eine kurze frist nur – sag ich – währte
Mein warten und mein schaun in jene zonen
Als dort der himmel mehr und mehr sich klärte.

Die Selige sprach: Sieh dort die legionen
Von Christi siegeszuge ● all die blute
Gepflückt im umkreis dieser regionen.

Mir schien es dass ihr antlitz völlig glühte
Und ihre augen so in wonne stunden
Dass ich vergeblich mich um worte mühte.

Wie Luna in den heitren vollmondstunden
Lacht bei den ewigen nymphen die da richten
Des himmels schmuck in allen seinen runden:

So sah ich eines über tausend lichten
Als sonne deren glanz sie alle trugen
Wie ihn die unsre leiht den obren sichten.

Durch das lebendige licht hindurch entschlugen
Der leuchtenden gewalt so starke feuer
Dass meine augen sie nicht mehr ertrugen.

O Selige! du führer süß und teuer...
Sie sprach zu mir: >Was also dich erschreckte
Ist eine kraft die niemandem geheuer.

Dort ist die Weisheit und die macht die streckte
Vom himmel nach der erde hin die gänge
Und die seit grauen Zeiten Sehnsucht weckte.<

Wie sich die flamme durch die wolken zwänge
Zu sehr sich dehnend für die enge klause
Und gegen ihre art nach unten dränge:

So ward mein geist nach einem solchen schmause
So weit gemacht – und wie? kann er nicht sagen –
Dass er hervorbrach aus dem eignen hause.

>Getrau die augen zu mir aufzuschlagen!
Dinge hast du gesehn durch die du mächtig
Geworden bist mein lächeln zu ertragen.<

Wie einer dem vorkommt dass er ein nächtig
Gesicht gehabt das ihm der tag vernichtet •
Es in den sinn zu ziehn umsonst bedächtig:

Hört ich das anerbieten das verpflichtet
Zu solchem danke dass er nie erblasse
Im buch das die vergangenheit berichtet.

Und sandte Polyhymnia die masse
Klangvoller stimmen mir zu helfen heute
Die sie genährt mit ihrem süßen nasse:

Ich weiß dass dies kein tausendstel bedeute
Der Wahrheit von des heiligen lächelns preise
Und wie den heiligen anblick es erfreute.

Also erzählend von dem paradeise
Muss der geweihte sang zum sprung sich heben
Wie einer der verrammt sieht seine gleise.

Doch wer bedenkt wie schweres aufgegeben
Auf schultern wurde einem erdensohne
Wird nimmer schelten wenn sie drunter beben.

Für nachen ist dies keine meereszone
Wohin die kühne planke ungestümet
Noch für den schiffer der sich selber schone. –

>Warum dein glühen nur mein antlitz rühmet
So dass du dich nicht drehst zum schönen orte
Der unter Christi strahlen sich beblümet!

Dort ist die Rose die dem ewigen worte
Das fleisch verlieh und dort sind die narzissen
Bei deren duft man fand die gute pforte.<

So sprach die Selige und vor ihrem wissen
War ich gefügig ganz und nochmals hatten
Die schwachen lider kampf mit hindernissen.

So sah mein äuge überdeckt von schatten
Den sonnenstreifen der mit reiner schnelle
Einst durch die wolken fuhr auf blumenmatten:

Wie ich nun ganze schwärme sah voll helle
Umblizt von oben her mit strahlenlohen
Und mir verborgen blieb des glanzes quelle.

O gütige kraft die du so schmückst die hohen
Du schwangest dich empor dass heil geschehe
Den blicken die unmächtig noch dich flohen!

Der schönen Blume namen – immer flehe
Ich morgens ihn und abends an – er schmiegte
Den geist dass er ins größte feuer sehe.

Wie sich in meinen beiden leuchten wiegte
Lebendigen Sternes Wesenheit und weite
Der hier besiegt wie unten er besiegte:

Da ward es oben licht von einem scheite
Das kreise um ihn schlug als ob es kröne
Und ihn umwand und schwingend ihn umreihte.

Wie süß hienieden auch gesang ertöne
Und unsre seele locken mag als freier:
Er ist wie wolke die geborsten dröhne

Verglichen mit dem sänge jener leier
Die um den schönen Saphir hängt in schwebe
Der schmückt des himmels saphirblaue feier.

>Ich bin die engelsliebe und umwebe
Die hehre wonne die enthaucht dem leibe
Dem hause drin einst der Verheißne lebe.

O Himmelsfrau um die ich wirbelnd treibe
Solang beim Sohn du weilst und höchsten dingen
Noch mehr an zier verleihst mit dem verbleibe.<

So ging das rings herumgetragene singen
Dem ende zu und alle andren Lichten
Ließen den namen der Maria klingen.

Der königliche mantel aller schichten
Der welt der meist erglühende und rege
Im hauche Gottes und in seinen pflichten:

Er hatte über uns die innre hege
In solcher ferne dass von seinem scheine
Ich noch nichts sehen könnt auf Meinem stege.

Drum hatten meine augen nicht die reine
Um nachzufolgen der gekrönten flamme
Die stieg mit ihrem sprossen im vereine.

Und einem kinde gleich das nach der amme
Die arme streckt nachdem es milch empfangen:
So machte wünsch der bis nach außen flamme

Dass alle diese glänze aufwärts drangen
Mit ihrem haupt – und ihre hohe liebe
Für die Maria war mir aufgegangen:

Dann sang vor mir verweilend ihr getriebe
>Regina coeli< mit so süßen lauten …
O dass davon die freude mir verbliebe.

O welche grosse segensfülle stauten
Sich diese reichsten häuser die hienieden
Als gute pflanzer ihren grund bebauten.

Hier lebt man von dem hab und gut in frieden
Das weinend man gesammelt in der frone
Zu Babylon wo man das gold gemieden.

Hier feiert unter Gottes hohem sohne
Und der Maria siege seiner schlachten
Umringt vom Alten und vom Neuen Throne

Er der die Schlüssel hält zu solchen prachten.

HIMMEL ● XXIII. GESANG.

DIE HIMMELSROSE

Die Schönheit die ich schaute überfliesset
Gewiss nicht unser mass allein – ich merke
Dass nur ihr schöpfer völlig sie geniesset.

Von hier ab (geb ich zu) lässt mich die stärke
So wie nur je an einem punkt gezittert
Lust- oder trauer-dichter bei dem werke.

Wie Sonnenschein in einem aug das flittert
So macht in meinem geiste das vor-schweben
Des süssen lächelns dass er in sich splittert.

Vom ersten tag an wo ich sie im leben
Gesehen bis zu diesem hohen spiele
War ihr zu folgen meinem sang gegeben.

Doch jetzt muss ich abstehn mit meinem kiele
Von ihrer schönheit und ich leg ihn nieder
Wie jeder künstler angelangt am ziele.

Wie ich sie lasse nun ● für höhere lieder
Als meiner tuba die nun des gewichtes
Mich bald entlediget – begann sie wieder

Als führer froh am ende des verrichtes:
Wir sind getreten aus dem lezten triebe
Des weltenrings zu dem des reinen lichtes.

Wir sind im geistigen licht dem licht voll liebe
Der liebe wahren gutes voll entzücken
Entzücken vor dem keine wonne bliebe!

Nun siehst du beide heiligen heere rücken
Vom paradies: die einen schon umkleidet
Wie sie sich für den lezten richter schmücken.

Wie wenn ein unverhoffter blitz durchschneidet
Der augen fähigkeit und das verscheuchte
Gesicht die stärksten dinge nicht mehr scheidet:

So überströmte mich lebendige leuchte
Und hielt mich so umhüllt von allen Seiten
Mit ihrem scheine dass ich blind mir deuchte.

>Der hohe Spender dieser Seligkeiten
Hebt zu sich auf stets mit dergleichen segen
Um für sein licht die fackeln zu bereiten.<

Nicht schneller aber flüsterte entgegen
Mir dieses kurze wort als ich erkannte
Dass macht mir wuchs die nicht in mir gelegen.

Und meines schauens neue kraft entbrannte
Dass nun – wie grosse reinheit er erlange –
Kein strahl mehr wäre der mein auge bannte.

Und ich sah licht mit eines flusses gange
Vom glänze blitzend durch zwei ufer dringen
In ihrem wunderbaren frühlingsprange ●

Sah von der flut nach allen Seiten springen
Und auf die blumen fallen helle funken
Rubinen gleich die sich mit gold umschlingen.

Dann wiederum als ob von düften trunken
Vertieften sie sich in der wunderwelle
Und dieser stieg und jener war versunken.

>Der hohe wunsch der nun dich drängt zur helle
Wird dir zu kennen was du schautest taugen
Und mich erfreun je mehr er in dir schwelle.

Doch erst musst du an jenen wassern saugen
Bevor der grosse durst dich nicht mehr dränge.<
So sprach zu mir die sonne meiner augen

Und fügte zu: Das fliessende gepränge ●
Topase ● färben heitrer frühlingskinder ●
Sind nur der Wahrheit schattende behänge.

Doch nicht als wären diese dinge minder!
Den mangel nimm allein zu deinem teile!
Für solche glorie bist du noch ein blinder.

So dreht kein kind mit einer grösseren eile
Den kopf und sucht die milch die lang entnommne
Wenn es verschlafen die gewohnte weile

Als ich mich wandte und um das beklommne
Gesicht zu stärken neigt ich mich den wogen
Die strömen dass sich jeder vervollkommne.

Als kaum ich übers wasser hingezogen
Mit meinen lidern merkten die nun scharfen
Dass seine linie wechselte zum bogen.

Wie menschen die verborgen unter larven
Als andre kommen wenn sie mit den Stoffen
Die nicht gebührende gestalt verwarfen:

So ward vom Wechsel grössrer pracht betroffen
Nun flor und funke – so dass ich gesehen
Die beiden himmelshöfe klar und offen.

O glanz des Herrn durch welchen ich gesehen
Des wahren königreiches triumphieren
Gib kraft zu sagen mir was ich gesehen!

Ein licht ist in den oberen revieren
Das unser schöpfer denen all bereitet
Die ganz in seinem anschaun sich verlieren:

Das in gestalt des kreises sich verbreitet –
Und schlösse sich sein aussenring zusammen
Es war als sonnengürtel zu geweitet.

Es ist geschaffen nur aus lautren flammen
Und trifft der ersten Sphäre höchste ränder
Wo sein und wirken ihm allein entstammen.

Wie sich ein felsen an dem seegeländer
Bespiegelt gleichsam sich im schmucke sehend
Des saftigen grüns und blumiger gewänder:

So sah ich ringsum überm lichte drehend
All die sich spiegeln in viel tausend sitzen
Die heimgekehrt sind dieser welt entgehend …

Und wenn nun schon die untren sprossen blitzen
Von solcher pracht – wie mag sich dann erst breiten
Die rose bis zu ihren obern spitzen.

Und weder in den höhen noch den weiten
Verwirrt ich mich: ich habe ganz besessen
Das wie und wieviel aller herrlichkeiten.

Hier wird das nah und fern nicht mehr gemessen
Denn wo Gott selber unvermittelt schaltet
Ist das natürliche gesetz vergessen.

Zum gelb der ewigen Rose die entfaltet
Sich hebt und duftet – düfte von dem ruhme
Der sonne die in ewigem frühling waltet:

Da zog mich schweigend hin der seligen Blume
Als ob sie zu mir reden wollte: Schaue
Der weißen kleider zahl im heiligtume!

Sieh unsre stadt wie sie sich wölbend baue!

HIMMEL • XXX. GESANG • 19-130.

DIE HIMMELSROSE • ABSCHIED DER SELIGEN

In einer lichten rose form erschaute
Ich also die geweihten himmelsheere
Mit seinem blut des Heilands angetraute.

Doch andre fliegend sangen von der ehre
Dess der durch seine gluten sie entzündet
Und von der gute die so viel beschere.

Wie bei den bienen: dieser schwarm ergründet
Der bluten kelche und ein andrer eilet
Zum ort der sie zum süßen werk verbündet:

So zu der großen blume die sich teilet
In solche blätter sanken sie und flohen
Zurück wo ihre stete liebe weilet.

Ihr aller antlitz war ein helles lohen •
Ihr flügel gold und eine solche weiße
Um sie wie nie beim schnee dem noch so hohen.

Zur blume nieder reichten sie die heiße
Verehrung und die himmelsruh und hoben
In jeden kreis sie mit der schwingen fleiße.

Und schien auch von der blume bis nach oben
Die zahl der fliegenden zu überschwemmen:
Nie ward das bild und seine pracht verschoben.

Denn Gottes strahlen lassen sich nicht hemmen
Durchs weltall • wo es würdig ist • zu reichen
Und ihnen kann sich nichts entgegenstemmen.

In diesen sichern jubelnden bereichen
Voll völkern früher oder später stelle
Ist herz und auge nur in Einem zeichen.

O Dreifach Licht! das du in Einer helle
Erstrahlst vor diesen ● so sie zu begnaden ●
O schau herab auf unsre wilde welle!

Wenn die Barbaren kamen von gestaden
Die täglich unterm stern der Nymfe schauern
Die mit dem sohne kreist auf gleichen pfaden ●

Und Rom erblickten mit den stolzen mauern
Und vor dem Lateran in staunen stunden
Der trotz beut allen menschlichen erbauern:

Ich der von zeit zu ewigem mich gefunden
Zu gottgearteten von menschendingen
Und von Florenz zu Richtigen und Gesunden:

Wie musst ich in Verwunderung hier schwingen!
Ich wollte zwischen dieser und dem glücke
Nichts hörend und verstummt die zeit verbringen.

Und einem pilgrim gleich den es entzücke
In des gelübdes tempel um sich sehend
Wie er erzählen wird ● kehrt er zurücke ●

So im lebendigen lichte mich ergehend
Entsandt ich meinen blick zu allen sprossen
Bald auf bald ab bald nach den seiten drehend.

Ich sah gesichter lieb- und glanzumgossen
Vom Licht und eigner lust ● in jeder weise
Von zierde und von würdigkeit umflossen.

Die allgemeine form vom paradeise
Hatt ich mit meinen blicken schon umründet
Jedoch gehaftet noch auf keinem kreise.

Ich wandte mich mit wünschen neu-entzündet
Um das bei meiner Herrin zu erkunden
Was ich in meinem geist noch nicht ergründet.

Eins sucht ich und hab anderes gefunden:
Anstatt vor Ihr stand ich vor einem greise
Gehüllt ins kleid der ruhmesvollen runden.

Es breitete sich aus in frommer weise
Gütige freude auf gesicht und wange
Wie man's bei zartbesorgtem vater preise.

Und sie? wo ist sie? sprach ich wie im zwange…
Drauf er: Dir deiner wünsche ziel zu zeigen
Rief mich die Selige her aus meinem range.

Und wenn du aufwärts blickst zum dritten reigen
Des höchsten grads wirst du sie wieder schauen
Im thron der ihr durch ihr verdienst ist eigen…

Ohn antwort richtet ich auf sie die brauen
Und sah sie um sich bilden eine krone
Die spiegelte den glanz der ewigen auen.

Unmöglich dass zu höchster donnerzone
Ein äuge sich mit solchem abstand richte
Auch wenn es in den tiefsten meeren wohne:

Als bis zur Seligen mein angesichte.
Doch es verschlug hier nichts ● da ihre züge
Zu mir herdrangen ohne zwischenschichte.

>O Frau an die ich meine hoffnung füge ●
Die für mein wohl gewirkt in solchem grade
Dass du zur hölle lenktest deine flüge:

Bei dem was ich gesehn durch alle pfade ●
Von deiner macht und deiner gütigen waltung
Erkenne ich die fülle und die gnade.

Du zogst aus knechtschaft mich in freie haltung
Durch alle bahnen ● alle nach der reihe ●
Wie du gekonnt durch deine macht-entfaltung.

Dein spende-mut auch fürder mir gedeihe
Dass meine seele heil durch deine helle
Dir angenehm vom körper sich befreie.<

So betet ich. Und sie ● von ferner stelle ●
Wie es erschien ● sich lächelnd zu mir wandte
Und kehrte dann zurück zur Ewigen Quelle.

Der heilige greis sprach: Damit ans erkannte
Ziel du gelangest bis zur höchsten spitze
Wozu gebet und heilige liebe sandte:

Flieg mit dem blick durch diese freudensitze!
Denn sie erblicken hebt dein aug mit neuer
Gewalt empor zum göttlichen geblitze.

Die Himmelskönigin für die im feuer
Der liebe ganz ich glühe ● wird uns helfen
Voll huld ● denn ich bin Bernhard ihr getreuer.

HIMMEL ● XXXI. GESANG ● 1-102.

DER ERZENGEL GABRIEL

Ich sah von glorie einen solchen regen
Auf ihr: ihn trugen heilige gesandte
Die auf und ab durchflogen diesen segen.

Wohin auch vorher schon mein blick sich wandte –
Nichts konnte größer staunen mir bereiten ●
Nie zeigte sich so nah das Gott-verwandte.

Und jener Eifer der entstieg vor zeiten
Und sang: >Gegrüßet seist du voll der gnaden<
Trat vor sie seine schwingen auszubreiten.

Und von des seligen hofes allen graden
Kam antwort zu dem göttlichen gesange.
Er schien zur höhern freude sie zu laden.

>O heiliger vater der zum untern range
Entstiegst für mich und dem nun fehlt der frohe
Worauf du thronst nach ewigem ergange:

Wer ist der engel dort der unsre hohe
Gebieterin beschaut mit solchen wonnen
Und solcher glut als sei er ganz aus lohe?<

So hab ich zu belehren mich begonnen
Bei ihm der an Marien sich verklärte
Wie das gestirn des morgens an den sonnen.

Und er dagegen: Alle pracht und zärte
Die einen menschen zieret oder engel
Ist in ihm und gerecht ist das gewährte.

Er ist es der herab den palmenstengel
Trug zu Marien als dem Gottessohne
Genehm war einzugehn in unsre mängel.

HIMMEL • XXXII. GESANG • 88-114.

GEBET DES HEILIGEN BERNHARD

Junfrau und Mutter! Tochter deines sohnes!
Voll demut und voll würde wie kein wesen
Nach vorbestimmtem rat des ewigen Thrones ●

Du machtest unsre menschheit so erlesen
Und edel dass der Schöpfer selbst geruhte
Geschöpf zu werden dessen du genesen.

Die Liebe ward entfacht in deinem blute
Damit von ihrem brand in ewiger wonne
Solch eine wunderbare rose glute!

Du bist für uns die mittagliche sonne
Der himmelslust ● dort auf der erdenscholle
Gleichst du der hoffnung stets lebendigem bronne.

O Frau! du bist die große HiFlfevolle ●
Wer gnade sucht und nicht zu dir sich wendet
Ist wie wer ohne schwinge fliegen wolle.

Und so ist deine milde dass sie sendet
Nicht nur dem bittenden ' – oft ward dem armen
Freigebig vor dem bitten schon gespendet.

In dir ist mitleid! In dir ist erbarmen!
In dir ist langmut! Was nur je des guten
In menschen war entströmt aus deinen armen.

Nun naht er dir der aus tiefuntern gluten
Des weltalls sich erhob zu dieser steile ●
Durch alle stufen sah der geister fluten

Und ruft zu dir dass deine huld erteile
Die kräfte seinem blick und dass er trete
Noch weiter aufwärts bis zum größten Heile.

Ich der nicht mehr für mein erleuchten flehte
Als jetzo für das seine: ich erneue ’ –
O nimm sie auf! ’ – all meine bittgebete

Auf dass sich jede wolke ihm zerstreue
Von seiner Sterblichkeit nach deinem flehen
Und er des höchsten gutes sich erfreue!

Noch bitt ich ● Königin (denn schon geschehen
Ist was du wünschest) dass sich rein erhalten
Die sinne dem der solches hat gesehen.

Dein schutz besiege irdische gewalten!
Sieh hier die Selige und soviel seelen
Damit du mich erhörst die hände falten!

HIMMEL ● XXXIII. GESANG ● 1-39.